Bauwelt Fundamente 42

Herausgegeben
von Ulrich Conrads

Beirat
für das Programm
der Reihe:
Gerd Albers
Adolf Arndt
Hansmartin Bruckmann
Lucius Burckhardt
Gerhard Fehl
Rolf-Richard Grauhan
Herbert Hübner
Werner Kallmorgen
Frieder Naschold
Julius Posener
Dieter Radicke
Mechthild Schumpp
Thomas Sieverts

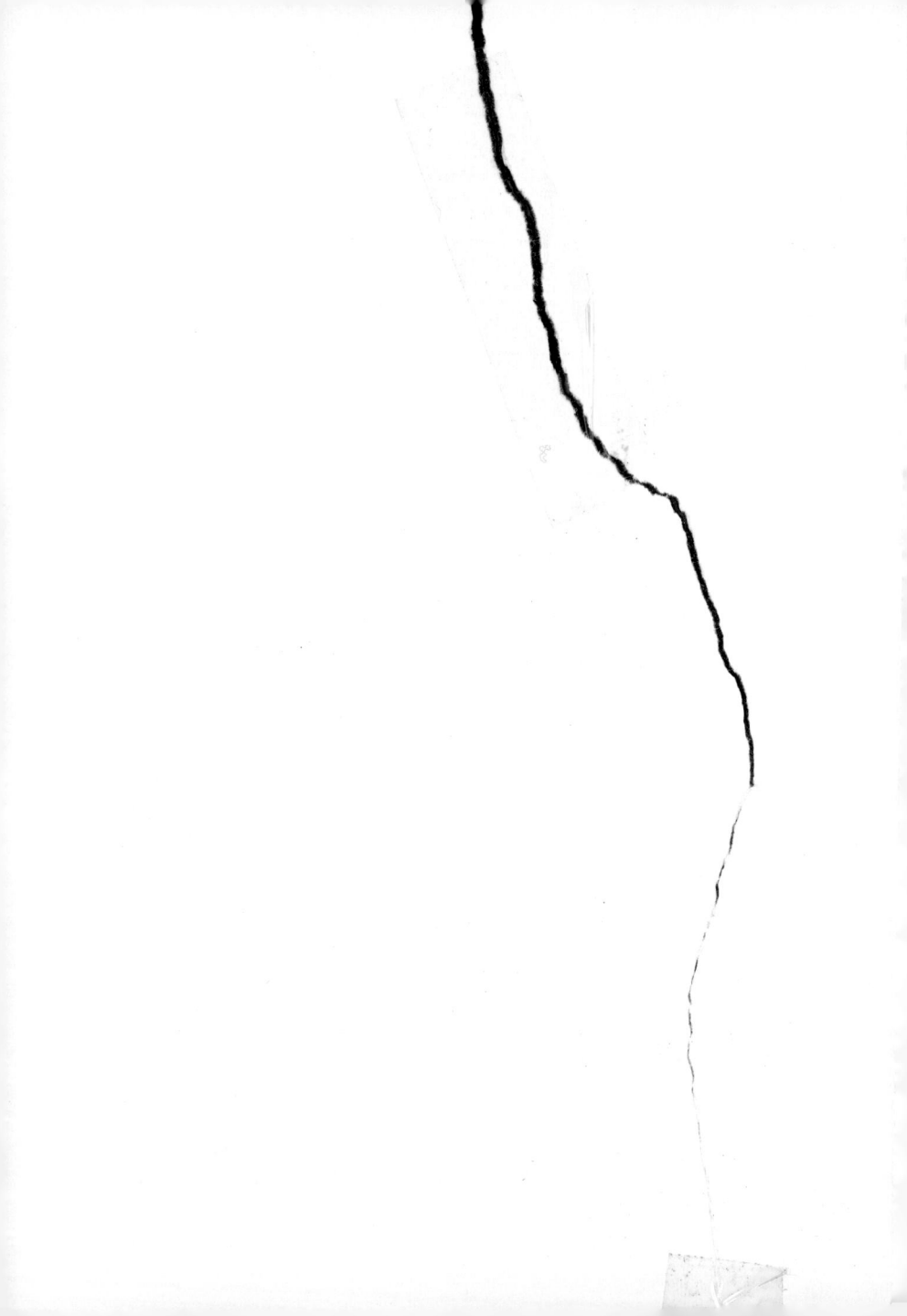

Alexander Schwab

»Das Buch vom Bauen«

Wohnungsnot
Neue Technik
Neue Baukunst
Städtebau
aus sozialistischer Sicht

Erschienen 1930
unter dem Pseudonym
Albert Sigrist

Bertelsmann Fachverlag

Ungekürzter Nachdruck des unter dem Pseudonym Albert Sigrist verfaßten Buches, das 1930 im Verlag »Der Bücherkreis GmbH«, Berlin SW 61, erschien.
Der Neudruck erfolgt mit freundlicher Genehmigung von Hans Schwab-Felisch und in Zusammenarbeit mit dem »Archiv des Deutschen Werkbundes« Berlin.

© 1973 Verlagsgruppe Bertelsmann GmbH/Bertelsmann Fachverlag, Düsseldorf
Umschlagentwurf von Helmut Lortz unter Verwendung von Fotos der Siedlung Berlin Weißensee (Bruno Taut) und der Römerstadt in Frankfurt am Main (Ernst May).
Gesamtherstellung: Mohndruck Reinhard Mohn OHG, Gütersloh

Alle Rechte vorbehalten · Printed in Germany
ISBN 3-570-08642-9

Inhalt

Diethart Kerbs: Zum Neudruck dieses Buches ... 7

Statt eines Vorworts ... 13
Zusammenhänge ... 15
Zur heutigen Lage der Wohnungsbauwirtschaft ... 21
Parzelle – Siedlung – Gemeineigentum ... 33
Bauen als Produktionszweig ... 43
Vom Handwerk zur Industrie ... 49
Tatsachen ... 57
Planzeichnungen muß man lesen können ... 62
Von innen nach außen ... 64
Das Doppelgesicht der modernen Architektur ... 67
Einzelhaus oder Mietskaserne ... 78
Der soziale Mensch und der Privatmensch ... 84
Familie und Familienwohnung ... 88
Zwischenstufen ... 92
Raum ist in der kleinsten Hütte 104
Und die Kinder? ... 111
Hieronymus in der Klause ... 120
Grundelemente des neuen Bauens ... 122
Männliche und weibliche Wohnung ... 127
Beispiele ... 131
Das Bauen als Kunst ... 138
Schönheit oder / und Zweckmäßigkeit? ... 146
   Grundsätzliche Vorbemerkung zum Städtebau
Was ist eine Stadt? ... 155
Wohnung und Werkstatt in der Stadt ... 160
Modernes Nomadentum? ... 166
Arbeitsprozeß und Wanderung ... 172
Gespräch ... 181
Stadt und Land ... 185
Der revolutionäre Charakter des Städtebaus ... 195
Städtebau als politische Aufgabe ... 201
In den Städten wächst die Zukunft ... 207

Alexander Schwab

Diethart Kerbs: Zum Neudruck dieses Buches

Als dieses Buch 1930 erschien, bediente sich der Verfasser eines Pseudonyms, das er schon vorher für politische Veröffentlichungen verwendet hatte. Hinter dem Decknamen Albert Sigrist steht Dr. Alexander Schwab, damals Pressechef der „Reichsanstalt für Arbeitsvermittlung und Arbeitslosenversicherung". Diese Stellung im Staatsdienst dürfte der Grund für die Wahl eines Pseudonyms gewesen sein.

In den 43 Jahren, die seit der ersten Veröffentlichung des „Buches vom Bauen" vergangen sind, ist – trotz mancher Veränderung – im Grunde fast alles beim Alten geblieben: Die Wohnungsnot ist immer noch groß, ja, sie wird künstlich erhalten; der Wohnungsbau ist noch immer privatwirtschaftlich organisiert und wenig industrialisiert; die Architekturmoden wechseln; die Städte verändern (oft möchte man sagen: verlieren) ihr Gesicht, aber die Bedürfnisse der Stadtbewohner werden von den Bauherren so wenig berücksichtigt wie ehedem, oft sogar weniger, die Stadtplanung ist auf weite Strecken ein Geheimgeschäft, das von Behörden, Firmen und Experten hinter verschlossenen Türen ausgehandelt wird und von dessen Konsequenzen die Betroffenen in der Regel erst erfahren, wenn die Weichen gestellt sind. Die Grundvoraussetzung für alles das: der westdeutsche Kapitalismus ist aus dem zweiten Weltkrieg und dem Zusammenbruch des „Dritten Reiches" keineswegs geschwächt, sondern – wie die Entwicklung bis heute zeigt – gestärkt hervorgegangen. Und das in einem Maße, wie es niemand, der den Zusammenhang zwischen Faschismus und Kapitalismus begriffen hatte, sich 1945 vorzustellen vermochte. Die Arbeiterbewegung aber, auf deren kräftiges Vorhandensein das Buch sich in seiner ersten Auflage stützen konnte, ist durch den Hitlerfaschismus und die Adenauer-Ära fast völlig zerschlagen worden. Auch wenn neuere Entwicklungen und Erfahrungen zeigen, daß proletarische Solidarität und Klassenbewußtsein nicht nur latent vorhanden sind, wird es „Das Buch vom Bauen" in seiner zweiten Auflage keineswegs leichter als in der ersten haben, zu den Lesern zu finden, die es angeht.

An wen richtet sich dieses Buch?

Immer noch an alle. An alle, die Ursachen und Zusammenhänge begreifen wollen. Am wenigsten – wie in der Einleitung betont wird – an die Fachleute und die Anhänger bestimmter Reformprogramme. 1930 erschien das Buch in einem Lesering für lesende Arbeiter, 1973 erscheint die zweite Auflage in einem Fachverlag für Architektur. Auch das ist bezeichnend.

Wir widmen diese Neuauflage vor allem den Lehrern, die im politischen Unterricht, in der Arbeitslehre oder im Kunstunterricht den Problemen des Bauens und Wohnens auf den Grund gehen wollen. Sie werden es nicht leicht haben mit diesem Buch, denn auch heute werden Sozialisten, die hierzulande (z. B. als Lehrer) im Staatsdienst stehen, bedroht, bespitzelt, kontrolliert. Insofern befinden sich manche Leser des Buches heute in einer ähnlichen Lage wie der Verfasser, der damals zu dem Decknamen greifen mußte, um seine Stellung nicht zu gefährden. Der Grund ist der gleiche: die unverminderte Fortdauer der bürgerlich-kapitalistischen Herrschaft.

Wer dieses Buch nicht nur liest, sondern über das Gelesene nachdenkt, wer nicht nur nachdenkt, sondern seine Gedanken mit anderen diskutiert und in die Tat umsetzt, wer also politisch begründet solidarisch zu handeln beginnt, der wird in diesem Lande Schwierigkeiten bekommen. Auch diese Schwierigkeiten sind nicht neu, so wenig wie die Front, an der sie aufbrechen, neu ist. Die Neuauflage dieses Buches und die Information über seinen Verfasser möchte der Wiederherstellung von Geschichtsbewußtsein in bezug auf die fortschrittlichen Kräfte und Traditionen dienen, die von der kapitalistischen Restauration so lange unterdrückt und verdrängt worden sind.

Wer war Alexander Schwab?

Die äußeren Daten seines Lebens sind bekannt, einige seiner Schriften und Briefe sind erhalten, der Name wird in manchen historischen Studien erwähnt, der Mann beiläufig gewürdigt – aber im Grunde wissen wir kaum etwas Genaues über ihn[1].

Alexander Schwab wurde am 5. 7. 1887 als Sohn des Komponisten und Opernkapellmeisters Karl Julius Schwab in Stuttgart geboren. Er verbrachte seine Jugend in Danzig und besuchte dort das Gymnasium. Nach dem Abitur studierte er in Rostock, Jena, Heidelberg und Freiburg, und zwar Philosophie, Germanistik, alte Sprachen, Nationalökonomie, Soziologie und Staatsrecht. 1913 wird er an der Universität Heidelberg promoviert. 1915 erscheint die Arbeit „Möbelkonsumtion und Möbelproduktion in Deutschland" in dem Berliner Verlag Franz Siemenroth. Diese Arbeit geht von einem mar-

---

[1] Die folgenden Kurzbiographie stützt sich auf die Untersuchungen, die der Verfasser bisher im Rahmen des Werkbund-Archivs Berlin vorgenommen hat. Vgl. dazu: Werkbund-Archiv Berlin, Erstes Jahrbuch, Hg. von Janos Frecot und Diethart Kerbs, Berlin 1972, S. 159–167. (Im Selbstverlag: Werkbund-Archiv, 1 Berlin 12, Hardenbergstr. 9). Die Erforschung von Leben und Werk Alexander Schwabs wird fortgesetzt, für diesbezügliche Hinweise und Auskünfte wäre der Verfasser sehr dankbar. In den nächsten Jahrbüchern des Werkbund-Archivs hoffen wir, Genaueres mitteilen zu können.

xistischen Ansatz aus und reflektiert unter anderem auch die Bedürfnisse und Konsummöglichkeiten der untersten (proletarischen) Konsumentenschichten unter dem Gesichtspunkt des Kapitalverwertungsinteresses. Schon als Student hatte Alexander Schwab sich um die Herstellung von Kontakten zwischen Studenten und Industriearbeitern bemüht. Als Mitglied des Wandervogels und der freideutschen Jugend bzw. der „Deutschen Freien Studentenschaft" hatte er an allen vier Universitäten Ärger mit den rückwärts gerichteten alten Korporationen und den Hochschulbehörden. 1913 hatte er am freideutschen Jugendtag auf dem Hohen Meißner teilgenommen, zuvor war er ein Jahr als Lehrer an der „Freien Schulgemeinde Wickersdorf" bei Gustav Wyneken gewesen[2]. Verschiedene Historiker[3] bezeichnen ihn als einen der führenden Köpfe der freideutschen Jugend. 1914 meldet Alexander Schwab sich freiwillig zum Kriegsdienst, wird aber wegen eines Lungenblutsturzes zurückgeschickt. Im Frühjahr 1914 Heirat mit Dr. Hildegard Felisch[4] und wissenschaftlicher Mitarbeiter bei der Berliner Hypothekenbank A. G. Dann bis 1923 in verschiedenen kaufmännischen Unternehmungen in Berlin und Dresden beschäftigt.

Unter dem Eindruck des Weltkrieges wendet Alexander Schwab sich endgültig der Arbeiterbewegung zu. 1917 ist er Mitglied der USPD, 1918 des Spartakus-Bundes. Unbelegt ist bisher die Aussage, Schwab sei ein „enger Freund" von Karl Liebknecht und Rosa Luxemburg gewesen[5]. 1919 führt er

---

[2] Noch 1919 (in: Der Neue Anfang, Zeitschrift der Jugend, 1. Jahr, Heft 7, 1. IV. 1919) wird Alexander Schwab als „Jugendvertrauensmann" des „Bundes für freie Schulgemeinden" in Dresden aufgeführt. Aus den Publikationen der freideutschen Jugend sind uns bisher zwei Beiträge Schwabs bekanntgeworden:
Dr. Alexander Schwab: Die Richtungen in der Meißnerbewegung. in: Hans Reichenbach, Dr. Alexander Schwab, Immanuel Birnbaum, Joachim Kaiser: Studentenschaft und Jugendbewegung. Herausgegeben vom Vorort der Deutschen Freien Studentenschaft, Verlag Max Steinebach, München 1914, S. 34–35.
Alexander Schwab: Sozialistische Weltanschauung und Beruf. in: Beruf und Leben. Darstellung der Jugendbewegung, herausgegeben von Ernst Fischer und Friedrich Wilhelm Fulda. Lauenburg/Elbe 1921, S. 47–48.

[3] Hans-Manfred *Bock:* Syndikalismus und Linkskommunismus von 1918–1923. (Marburger Abhandlungen zur politischen Wissenschaft, hg. von Wolfgang Abendroth, Band 13), Verlag Anton Hain, Meisenheim am Glan 1969. Besonders S. 441 f.
Olaf *Ihlau:* Die roten Kämpfer. Verlag Anton Hain, Meisenheim am Glan 1969, Verlag Politladen Erlangen 1971. Besonders S. 181 f.
Annedore *Leber:* Das Gewissen entscheidet. Bereiche des deutschen Widerstandes von 1933–1945 in Lebensbildern. Mosaik-Verlag, Berlin und Frankfurt-Main 1957. S. 130 ff.

[4] Veröffentlichung: Dr. Hildegard Schwab-Felisch, Der Begriff der Warenqualität in der Sozialökonomik. (= Volkswirtschaftliche Abhandlungen der badischen Hochschulen, Neue Folge, Heft 31) Karlsruhe i. B., G. Braunsche Hofdruckerei und Verlag, 1915.

[5] Ihlau S. 181, vgl. Bock S. 442.

in enger Zusammenarbeit mit Karl Schröder[6] die linke Opposition in der KPD. 1920 ist er Gründungsmitglied der KAPD und führender Kopf der Berliner KAPD-Spitze. Eine Zeitlang ist er Schriftleiter der „Kommunistischen Arbeiterzeitung" und führt Schulungskurse für die Funktionäre der KAPD durch. 1921 leitet er die KAPD-Delegation auf dem 3. Weltkongreß der Dritten Internationale in Moskau, dort übt er scharfe Kritik an Lenins Politik. „Die vier Delegierten der KAPD (...) bildeten während des ganzen 3. Kongresses vom 22. 6. bis 12. 7. 1921 die geschlossenste Reihe des prinzipiellen Widerspruchs gegen die Taktik des Exekutiv-Komitees und der russischen Staatspartei"[7]. Die Diskussionsbeiträge von Alexander Schwab sind unter dem Pseudonym „Sachs" im Protokoll des Kongresses verzeichnet[8].

Nach dem Ausschluß der Schröder-Gruppe verläßt Schwab im April 1922 ebenfalls die KAPD und zieht sich aus der Parteipolitik zurück. Seine Existenz sichert er durch einen Redakteurposten bei der Berliner Pressekorrespondenz „Continent" (1923–28) und durch freiberufliche Tätigkeit als Journalist und Wirtschaftsschriftsteller. Er schreibt unter anderem für das „Berliner Tageblatt", die „Berliner Börsenzeitung", „Das Neue Berlin" und ab 1927 auch für die Zeitschrift des Deutschen Werkbundes „Die Form"[9]. Diese Beiträge[10] weisen ihn als einen der klarsichtigsten Architekturschriftsteller seiner Zeit aus. Seine soliden politisch-ökonomischen Grundlagenkenntnisse, seine Freundschaft oder Bekanntschaft mit führenden Architekten der Zeit – wie z.B. mit Hugo Häring, Ludwig Hilberseimer, Ludwig Mies van der Rohe und Martin Mächler – und seine Verbundenheit mit der Arbeiterbewegung mochten ihn wohl dazu geführt haben, in diesen Jahren das „Buch vom Bauen" zu schreiben. Von 1928 bis 1933 ist er Pressechef der „Reichsanstalt für Arbeitsvermittlung und Arbeitslosenversicherung", – eine Tätigkeit, die ihm die Auseinandersetzung mit den politischen, ökonomischen und sozialen Problemen zur täglichen Pflicht macht.

Im Frühjahr 1933 wird Schwab vom nationalsozialistischen Staat aufgrund des „Gesetzes zur Wiederherstellung des Berufsbeamtentums" entlassen und

---

[6] vgl. Ihlau S. 180, Bock S. 441
[7] Bock, S. 260
[8] Vgl. das Protokoll des III. Kongresses der Kommunistischen Internationale (Moskau 22. Juni bis 12. Juli 1921). Hamburg 1921. (= Bibliothek der Kommunistischen Internationale, XXIII.), S. 97–102, 412–413, 616–622, 766–769, 944 bis 945, 1056.
[9] Eine Aufstellung der Beiträge, die Alexander Schwab für „Die Form" geschrieben hat, findet sich im Ersten Jahrbuch des Werkbund-Archivs (vgl. Anmerkung 1) S. 164–166.
[10] Einige davon sind veröffentlicht in: „Die Form" Stimme des Deutschen Werkbundes 1925–1934, herausgegeben von Felix Schwarz und Frank Gloor. (= Bauwelt Fundamente, Band 24), Gütersloh 1969, S. 137–139, 145–147, 152–162, 180–193, 201–206.

kurz darauf von der Gestapo „wegen des Verdachts staatsfeindlicher Umtriebe" in „Schutzhaft" genommen. Nach 8 Wochen Haft führt eine Intervention seines Schwiegervaters, des ehemaligen Admiralitätsrats Dr. Paul Felisch, bei dem Berliner Polizeipräsidenten von Lewetzow zur Freilassung. Alexander Schwab hatte sich mit Auswanderungsplänen nach Mexiko getragen, bleibt nun aber doch in Berlin und beginnt mit dem Aufbau von Widerstandsgruppen. Nach dem Tod seiner Frau (1934) widmet er sich ganz der illegalen politischen Arbeit, vor allem der Organisation der sozialistischen Widerstandsgruppe „Rote Kämpfer", deren Zentrale er schließlich leitet. Als Tarnung für diese Organisation und wohl auch, um sich finanziell abzusichern, übernimmt Schwab zusammen mit dem ihm bekannten Schriftsteller Franz Jung das Büro einer Pressekorrespondenz. Von diesem Büro werden etwa 50 Zeitungen, darunter auch der „Völkische Beobachter", mit Wirtschaftsnachrichten beliefert. Anfang 1936 bietet sich anläßlich einer Reise nach Prag noch einmal die Möglichkeit der Emigration. Schwab kehrt, obwohl gewarnt, nach Berlin zurück und übernimmt die Gesamtleitung der „Roten Kämpfer". Am 17. 11. 1936 wird er in seinem Büro von der SA umstellt und verhaftet, nachdem die Gestapo schon vorher Mitglieder der Roten-Kämpfer-Organisation im Ruhrgebiet verhaftet hatte. Anschließend wird die ganze Organisation zerschlagen. In den Verhören erleidet Alexander Schwab schwere Folterungen. Bei der Vernehmung am 21. 11. 1936 nimmt er die volle Verantwortung für die Leitung der Organisation auf sich und bemüht sich, Franz Jung und andere Genossen zu entlasten. Tatsächlich ist Jung dann freigelassen worden und konnte nach Prag fliehen –, in seinem Erinnerungsbuch „Der Weg nach unten"[11] hat er über die Zusammenarbeit mit Schwab berichtet.

Das Hauptverfahren gegen Alexander Schwab, Karl Schröder und vier weitere führende Köpfe der „Roten Kämpfer" fand vom 28. bis 30. 10. 1937 vor dem 2. Senat des Volksgerichtshofs in Berlin statt[12]. Schwab erhielt von allen Angeklagten die schwerste Strafe, nämlich 8 Jahre Zuchthaus, die er – teilweise unter körperlichen Mißhandlungen – im KZ Börgermoor und in den Zuchthäusern Sonnenburg, Brandenburg und Zwickau verbüßte. Am 12. November 1943 ist Alexander Schwab im Zuchthaus Zwickau gestorben. Die Todesursache ist ungeklärt. Nach Mitteilung der Zuchthausleitung soll er an Lungenentzündung gestorben sein.

---

[11] Franz Jung: Der Weg nach unten. Luchterhand-Verlag, Berlin und Neuwied 1961. (Neuauflage unter dem Titel: Der Torpedokäfer, Sammlung Luchterhand Band 56, April 1972), S. 420–428.
[12] Die Prozeßakten sind nur noch sehr bruchstückhaft erhalten, ein Teil davon befindet sich im Bundesarchiv in Koblenz. Vgl. Ihlau, S. 136ff.

Was nützt es, sich mit diesem Mann zu beschäftigen?

Wer, wie der Schreiber dieser Zeilen, sechs Jahre alt war, als Alexander Schwab im Zuchthaus umkam, der kann kein unmittelbares Verhältnis zu diesem Mann, zu seinem Werk und seiner Zeit haben. Wer gar, wie die meisten der heute Studierenden, erst nach dem Zusammenbruch der faschistischen Diktatur in Deutschland geboren wurde, der hat bisher, gemessen an Lebensläufen wie dem Alexander Schwabs, ein unvergleichlich ruhiges und sicheres Leben gehabt. Beides – die historisches Distanz und die Andersartigkeit der Zeitläufte – erschwert zunächst die Identifikation mit einem solchen Schicksal. Gleichwohl ist es möglich und nützlich, Leben und Werk von Alexander Schwab auf unsere deutsche Gegenwart, 30 Jahre nach seinem Tod, zu beziehen.

Denn Verfassungsanspruch und gesellschaftliche Realität klaffen nicht minder auseinander als seinerzeit. Die lohnabhängigen Massen der Bevölkerung werden – und das zeigt sich besonders deutlich in der Wohnungspolitik – von dem ökonomisch Mächtigen so skrupellos ausgebeutet und betrogen wie eh und je. Aber der Widerstand regt sich bereits, und es ist noch nicht ausgemacht, ob die nächsten Jahrzehnte so ruhig bleiben wie es die letzten waren. Heute gilt es, die Hintergründe und Ursachen der herrschenden Verhältnisse und ihrer Widersprüche aufzudecken –, und die historische Kontinuität der sozialistischen Alternative zu sichern (und das heißt eben auch: sie in einzelnen Lebensbereichen sinnlich erfahrbar zu machen). Zu beidem kann dieses Buch seinen Teil beitragen.

Alexander Schwab war ein hochbegabter, vielseitig gebildeter bürgerlicher Intellektueller. Er hatte mit dem Werkbund, mit dem Bauhaus, mit den besten Architekten seiner Zeit vieles gemeinsam, er stand in einer Front mit ihnen gegen alles Gestrige und Vorgestrige in Kunst, Architektur und Städtebau. Als Marxist hat er jedoch die ökonomisch-politischen Bedingtheiten auch der ästhetischen Praxis klarer erkannt und schärfer ausgesprochen als es sonst, z. B. im Werkbund, üblich war; als Sozialist hat er gewußt, daß es nicht ausreicht, gegen Symptome zu kämpfen.

Diethart Kerbs

Statt eines Vorworts

Sinn und Absicht

dieses Buches ist, zu zeigen, wie sich die geschichtliche Lage der Gegenwart, im großen gesehen, ausdrückt und spiegelt im Bauen, vor allem im Wohnungsbau. Das ist versucht worden, um es von vornherein zu sagen, innerhalb eines sozialistischen Gesamtbildes der Entwicklung. Der historische Materialismus, die klassische sozialistische Geschichtsbetrachtung, stützt seinen ausschließenden Anspruch auf Wissenschaftlichkeit — gegenüber aller bürgerlichen Scheinwissenschaft — u. a. auf seine Fähigkeit, die Geschichte des menschlichen Geschlechts als eine Einheit anzusehen, die verschiedenen Seiten menschlich-gesellschaftlichen Lebens als Erscheinungen an einem Körper zu verstehen. Etwas dieser Art sollte auch hier versucht werden. Im Bauen treffen zusammen: eine Entwicklung technischer und wirtschaftlicher Faktoren, die Entwicklung gesellschaftlicher Sitten und Gewohnheiten des Wohnens und des Alltagslebens, schließlich die Entwicklung künstlerischer Gestaltung. In alle dem stecken auch noch, mehr oder weniger deutlich, politische Elemente.

Nur das sollte ins Bewußtsein gerufen werden: diese Eigenschaft des Bauens und Wohnens, Knotenpunkt der verschiedensten gesellschaftlichen Entwicklungsströme zu sein.

Eine nähere Betrachtung zeigt, wie wir glauben, manche Merkmale, die zunächst nur auf eine Verdrängung einer älteren kleinbürgerlichen Welt durch eine neue großkapitalistische hindeuten — daneben aber auch Merkmale, die über den Kapitalismus überhaupt hinausweisen. Die Wohnungsnot, das Versagen der privaten Bauwirtschaft, die Widersprüche zwischen Bodenrecht und moderner Bautechnik zeigen auf materiellem Gebiet, die Richtung der Stilentwicklung auf ideologischem Gebiet unverkennbar, daß im Schoße der alten Gesellschaft die Kräfte eines neuen Werdens ans Licht drängen. Der politischen Tat der Arbeiterklasse bleibt es vorbehalten, diesen Kräften endgültig zum Leben zu verhelfen.

Für Fachleute und Anhänger

ist dieses Buch nicht bestimmt. Es ist k e i n B u c h f ü r d e n F a c h --
m a n n. Weder für den Techniker, noch für den Kunstkritiker, noch für
den Politiker oder Geschichtsforscher, noch für den Wirtschaftsfach-
mann. Es soll auch nicht etwa Wege weisen für die aktuellen Fragen
der Wohnungsnot, für die Probleme der öffentlichen oder genossen--
schaftlichen oder privaten Bautätigkeit.

Irgendwelche Vollständigkeit ist nicht angestrebt. Anhänger bestimmter wohnungspolitischer Richtungen werden wahrscheinlich finden, daß ihre Bestrebungen zu kurz kommen, so die Gartenstadtbewegung, die Bodenreform, die Organisationen für Wohnungsreform und
so weiter. Sie alle behandeln hätte geheißen, den Sinn und die Absicht
dieses Buches von vornherein zu verschieben, oder es zu einem dicken·
Wälzer zu machen.

Text und Bild

gehören hier im Allgemeinen, nicht immer im Einzelnen, zusammen.

Dieses Buch ist k e i n B i l d e r b u ch; es hat wenig Zweck, nur die Bilder anzusehen und zu denken, das übrige sei nur Begleittext und
könne ebensogut auch fortgelassen werden.

Ebensowenig aber sind die Bilder bloße Beigaben, um das Buch
etwas hübscher auszustatten. Sie gehören notwendig zum Text, und
wenn nicht überall ausdrücklich gesagt ist, welche Textstelle und welches
Bild zusammengehören, so liegt das daran, daß viele Bilder nicht zu
einer bestimmten Textstelle gehören, sondern zu einem Gedankengang, der sich durch das ganze Buch hinzieht. Es wird daher gut sein,
die Bilder genau zu besehen, nicht nur da, wo sie gerade stehen, sondern so, daß man sie etwas im Gedächtnis behält oder wenigstens im
Weiterlesen manchmal zurückblättert.

Zusammenhänge

Was wir hier vorhaben, ist nicht ganz einfach. Die heutige Lage des Bauwesens wollen wir betrachten. Und zwar nicht eine einzelne Seite davon, etwa die Technik, oder den neuen Stil, oder die Wohnungsnot. Sondern alles, was zum Bauwesen gehört.

Dabei wollen wir uns nirgends lange mit Einzelheiten aufhalten, wie es ein Lehrbuch tun müßte. Vielmehr sind uns alle Einzelheiten nur interessant in ihrem gesellschaftlichen Zusammenhang.

Die moderne Gesellschaft ist mitten in einem ungeheuren Umwandlungsprozeß; eine alte Zeit versinkt, widerwillig und unter heftigster Gegenwehr, und das neue Weltalter drängt und stößt zum Licht.

Dieser Charakter des jetzigen geschichtlichen Augenblicks offenbart sich, wie in vielem, so sehr deutlich auch im Bauwesen. Und das ist es, was wir versuchen wollen, zu zeigen. Wenn man diesen Zusammenhang versteht, kann man versuchen, sich ein Bild von der Entwicklung der nächsten Zukunft zu machen. Das aber, der Versuch vorauszuschauen, der Wunsch prophezeien zu können, ist eine der stärksten Triebkräfte aller menschlichen Gedankenarbeit.

Was geht vor im Bauwesen? Daß irgendetwas vorgeht, das sieht heute jeder. Die Zahl der Bücher, die sich mit dem modernen Bauen und Wohnen beschäftigen, ist in den letzten Jahren enorm angeschwollen. Vielleicht noch niemals in der Geschichte der Kultur ist über das Bauen, das man sonst meist als eine Angelegenheit der Fachleute ansah, so viel für das breite Publikum geschrieben worden wie heute. Jedes Jahr bringt nicht eine, sondern gleich mehrere Ausstellungen und Tagungen über dieses Thema. Doch bleiben fast alle diese Bemühungen bisher im Einzelnen stecken.

Was interessiert plötzlich die Menschen so sehr, daß sie Bücher kaufen über eine Sache, um die sie sich noch vor zehn, noch vor fünf Jahren niemals bekümmert haben? Sehen wir uns in raschem, flüchtigem Überblick einmal die Einzelheiten an.

Der Bedarf ist gestiegen und sehr dringend. Er hat sich durch die Kriegsverhältnisse aufgestaut, neben den Wohnräumen für Menschenzuwachs sind Ersatzbauten für überalterte Häuser nötig geworden. Ähnliches gilt auch für die Industriebauten.

Das Geld ist knapp und teuer geworden, der Bedarf kann nur durch starke Zuschüsse aus öffentlichen Mitteln gedeckt werden.

Die Baukosten sind, auch abgesehen von den Zinsen, gestiegen, und zwar stärker als der Durchschnitt der allgemeinen Produktions- und Lebenshaltungskosten.

Verbilligung des Bauens ist daher eine dringende Forderung der Zeit geworden, der man mit allen möglichen Mitteln nachzukommen sucht. Nicht nur durch Verbilligung des Geldes, sondern auch durch neue Produktionsmethoden.

Industrialisierung des Baugewerbes beginnt aus dieser Situation sich zu entwickeln. Neben die alten Handwerksmethoden tritt in wachsendem Maße eine Produktion, die Handarbeit durch Maschinenarbeit, den gelernten Handwerker durch den angelernten Montagearbeiter, den Schlendrian des Kleinbetriebes durch straffe Organisation ersetzt.

Neue Unternehmungsformen im Bauwesen sind entstanden und haben sich rasch zu beträchtlicher Größe und Wirksamkeit entwickelt: Bau- und Siedlungsgenossenschaften, Bausparkassen und die in der Bauhüttenbewegung zusammengefaßten sozialen Baubetriebe, deren Ziel es ist, den Unternehmergewinn im Bauwesen auszuschalten und die Bedarfsdeckung, besonders auf dem Gebiete des Wohnungswesens, auf gemeinnütziger Grundlage durchzuführen.

Neue Baustoffe werden eifrig gesucht. Sie sollen leicht sein, damit Transportkosten und Kraftaufwand an der Baustelle verringert werden; sie sollen mit industriellen Methoden, möglichst maschinell, herstellbar sein. Große Formate und gleichmäßig abgestimmte Größenmaße entsprechen einerseits den Bedürfnissen der Massenfabrikation, erleichtern andererseits den Arbeitsgang bei der Zusammenfügung der Teile zum Bau. So steigert sich die Verwendung von Beton, Stahl, Glas, allerlei Kunststeinen.

Körpergefühl und hygienisches Bewußtsein stellen neue, früher unerhörte Forderungen. Ausreichendes Sonnenlicht für alle Räume, Möglichkeit gründlicher Durchlüftung, Badegelegenheit in jeder Wohnung sind Forderungen, die gleichberechtigt neben Wetterschutz, Eigentumsschutz, Lärmschutz treten. Diese neuen Forderungen werden nicht nur durch den Verstand, also vor allem sozialhygienisch, ausreichend begründet, sondern von einem elementaren Bedürfnis breitester Massen als Selbstverständlichkeit empfunden.

Die Wirtschaft stellt, neben dem Wohnungsbau, ebenfalls neue Aufgaben: Fabriken, Warenhäuser, Bürogebäude sollen nach den Anforderungen eines streng rationell geordneten Geschäftsganges in jedem Fall neu von innen heraus durchkonstruiert werden; die überlieferte Schablone, mit der man früher solche Aufgaben erledigte, ist sinnlos geworden. Technische Bauwerke, Staudämme, Kraftzentralen, Zechenanlagen, Brücken, Bahnhöfe usw. stellen von Fall zu Fall den Ingenieur vor neue Aufgaben.

Das Hochhaus, in Amerika aus den enormen Bodenpreisen eines eng zusammengedrängten Geschäftsviertels entstanden und zum gigantischen Wolkenkratzer geworden, erobert sich aus ähnlichen Ursachen allmählich auch die europäischen Großstädte.

Der Verkehr in den Großstädten wächst von Jahr zu Jahr in steiler Kurve an, und der Strom der Autos droht überall die alten Verkehrsadern hoffnungslos zu verstopfen, wenn ihm nicht mit Straßendurchbrüchen ein neues Bett geschaffen wird.

Die städtische Siedlungspolitik steht ebenfalls vor neuen Aufgaben. Überall ist durchgreifende Gesundung alter unhygienischer und baulich verkommener Viertel notwendig. Durch Bau von Siedlungen, durch Eingemeindung von Vorstädten muß neuer Wohnraum geschaffen und an den Stadtkern angegliedert werden. Industrien wandern von der Altstadt fort an den Stadtrand. Die Beziehung zwischen der Lage der Industrieviertel und der der Arbeiterwohngegenden ist überall neu nachzuprüfen; auch unter dem Gesichtspunkt der Verkehrsentwicklung, denn aus ungünstigen Lageverhältnissen ergibt sich vielfach ein unwirtschaftliches Übermaß von Verkehr.

Landesplanung wird mehr und mehr notwendig. Die Lebensinteressen einer Großstadt greifen heute fast überall weit über ihre Stadtgrenzen hinaus. Eisenbahn- und Schiffahrtsstraßen, die Mittel für den Massengütertransport, müssen nach den Bedürfnissen der wirtschaftlichen Entwicklung neu gestaltet werden und wirken auf diese Entwicklung wiederum zurück. Alle Zweige und Instanzen der öffentlichen Verwaltung, Verkehr und Polizei, Gemeinde, Kreis, Provinz und Staat, Sozialversicherung und Schulwesen, Finanzbehörden und kommunale Versorgungsbetriebe, werden von den Aufgaben der Landesplanung betroffen und verlangen dabei gehört zu werden. So wird heute jeder Siedlungsbau mit hundert Arbeiterwohnungen in der Nähe einer Großstadt im Grunde zu einer staatspolitischen Angelegenheit.

Grund und Boden, bisher in den Städten und meist auch in ihrer Nachbarschaft parzelliert, aufgeteilt in das Eigentum vieler kleiner Besitzer, erfährt eine neue Zusammenfassung. Der Wohnungsbau mit öffentlichen Geldern kann nur rational wirtschaften, wenn er überwiegend große, zusammenhängende Objekte schafft, Organisation, Arbeitskräfte und Baustoffe für möglichst viele Wohnungen an einem Bauplatz konzentriert. Die meisten Städte treiben aus diesen und anderen Gründen Bodenvorratspolitik, sichern sich durch Ankauf geeignetes Gelände, das für Erweiterungen des Stadtgebietes in den nächsten Jahren und Jahrzehnten in Frage kommt. Oft liegt dieser städtische Grundbesitz zu einem großen Teil außerhalb der Stadtgrenzen. Derartiges Vorgehen erfordert grundsätzlich eine weit vorausschauende Planmäßigkeit des Handelns, treibt zu einer zusammenfassenden Landesplanung und führt wiederum direkt zu dem großen Problem der Staats- und Wirtschaftspolitik.

Der Stadtkern, die City, ist ebenfalls von neuem zum Problem geworden. Die Entwicklung an den Stadträndern wirkt auf den Stadtkern zurück. Hier, wo sich die Hauptverkehrsstraßen des Landes kreuzen, wo in der Regel die Zentralen der Verwaltung, des Bankwesens, des Großhandels ihren Sitz haben, liegt der kostbarste Boden. Hier konzentriert sich der Fremdenverkehr einer Großstadt. Hier ist auch der gegebene Ort, die Staatsmacht baulich darzustellen, ebenso wie hierher auch jede große Umsturzbewegung ihren Hauptstoß gerichtet hat oder richten wird. Die politische, wirtschaftliche und soziale Entwicklung eines Landes macht bei ihren entscheidenden Wendungen fast jede Straßenkreuzung, fast jedes einzelne Grundstück im Stadtkern der wichtigsten Hauptstädte jeweils von neuem zum Problem.

Das Alltagsleben hat seine Formen zu verwandeln begonnen, und noch ist kein Ende dieser Verwandlung abzusehen. Die Kernzelle der bisherigen Gesellschaft, die Familie, die bisher zugleich der Maßstab der Durchschnittswohnung war, beginnt sich aufzulösen oder mindestens zu etwas ganz anderem umzugestalten. Der Wohnbedarf der einzelnen Familie nimmt allmählich ebenso an Umfang ab, wie die Qualitätsansprüche höher gestellt werden. Die berufliche Frauenarbeit dehnt sich aus, die Hausarbeit der Frau geht zurück. Die Neigung zum öffentlichen Leben in verschiedenen Formen, Sport, Politik, Sozialarbeit, Vergnügungen, wächst in der Großstadt, der Sinn fürs Familienleben nimmt ab. Die Veränderung der Bedürfnisse in Bezug auf das Wohnen, die sich hieraus ergeben muß, wird erst allmählich zum Bewußtsein kommen.

Die Baukunst ist von allen diesen Entwicklungen aufs Mächtigste angeregt worden. Sie ist heute — in der internationalen Spitzengruppe ihrer Vertreter — derjenige Zweig der Kunst, der am engsten Fühlung mit den wirtschaftlichen und seelischen Tatsachen einer neuen Zeit gehalten hat. Nach einer langen Periode der Erstarrung, der Nachahmung und der gedankenlosen Schablone sucht heute die Baukunst nach einer rücksichtslosen, unmaskierten Darstellung der Wahrheit. Jedes Gebäude soll in seinem inneren Aufbau und seiner äußeren Erscheinung genau von den Bedürfnissen gestaltet werden, denen es zu dienen hat; jeder unnötige, nachträglich hinzugefügte Schmuck soll fortbleiben; das Material soll ohne weiteres als das erkennbar sein, was es ist; die Konstruktionselemente sollen nicht nur nicht verdeckt, sondern wo möglich noch besonders kenntlich gemacht werden. Luftige helle Räume, Verwendung von viel Glas, Vermeidung toter Winkel, Beseitigung des Dachbodens durch Einführung des flachen Daches, hygienische Wandbekleidung, praktische, nicht dekorative Möbel — das sind so einige von den Forderungen des neuen Bauens, dessen Stil man programmatisch als „Sachlichkeit" oder auch als „Funktionalismus" bezeichnet hat.

Der flüchtige Überblick zeigt schon, daß im Bauwesen heute schlechtweg alles in Bewegung gekommen ist. Die Gegner des neuen Stils suchen es gern so darzustellen, als ob eine Rotte halbwahnsinniger Fanatiker sich hier zusammengetan hätten, teils um das deutsche Gemüt umzubringen, teils um sich selbst möglichst alle großen Bauaufträge zu sichern. So etwas wäre natürlich geschichtlich schon kaum denkbar. Aber man kann überhaupt eine derartige Bewegung nicht vom Standpunkt des Spezialisten aus übersehen und am wenigsten vom Standpunkt des Ästhetikers, der auf irgend einen Geschmack eingeschworen ist. In Wahrheit ist das, was im Bauwesen gegenwärtig vorgeht, nicht eine Sache des Geschmacks und der Mode, sondern eine gesellschaftliche Gesamterscheinung, in der Faktoren der allgemeinen Wirtschaftslage, der Finanzlage, der Technik, der Produktionsmethoden in Baustofferzeugung und Baugewerbe, der kommunalen Entwicklung, der Gesellschaftsstruktur, der sozial-psychologischen Entwicklung, des Klassenkampfes und schließlich der Kunst zusammenwirken. Es mag schwer sein, den Anteil dieser einzelnen Faktoren säuberlich auseinander zu halten; es mag noch schwerer sein, außer den einfachen Grundlinien auch noch alle Kreuzungen dieser Kräfte, alle Formen der gegenseitigen Beeinflussung und Rückwirkung zu sehen und darzustellen. Darauf aber kommt es nicht so sehr an; wichtig ist dagegen, über den Einzelheiten nicht den Zusammenhang zu vergessen.

Zur heutigen Lage der Wohnungsbauwirtschaft

Im Vorwort ist bereits gesagt, daß hier nicht die Absicht ist, Wege zu weisen für die aktuellen Fragen der Wohnungsnot. Trotzdem ist eine kurze Betrachtung der gegenwärtigen Lage selbstverständlich notwendig. Sie ist sogar von besonderer Bedeutung. Denn die heutige Lage der Wohnungswirtschaft zeigt viel deutlicher als irgendein anderes Beispiel, daß der Kapitalismus nicht mehr in der Lage ist, die Bedürfnisse der Volksmassen zu befriedigen und dabei doch seine Existenzgrundlage, die Schaffung und Sicherung von Profit und seine Verwandlung in neues Kapital, zu erhalten.

Die Tatsache der Wohnungsnot bedeutet bei genauerer Betrachtung folgendes: Die Errichtung von Wohnungen, d. h. also die Sorge für eines der grundlegenden und dringendsten gesellschaftlichen Bedürfnisse (vor allem in unserem Klima), ist im Vergleich zu anderen Produktionszweigen ein unrentables Geschäft geworden. Dies trifft nicht etwa nur für Deutschland zu, sondern — wenn auch vielleicht nicht im gleichen Maße — grundsätzlich ebenso für alle modernen hochindustriellen Länder, Amerika nicht ausgenommen. (So wenig aus den Vereinigten Staaten genaue Feststellungen über die Arbeitslosigkeit vorhanden sind, so wenig liegen von dort die sonst üblichen Statistiken über Wohnungsnot, Elendsquartiere und dgl. vor. Das Fehlen der Statistik ist jedoch kein Beweis für das Fehlen des Notstandes.)

Warum ist die Wohnungsproduktion ein unrentabler oder vergleichsweise zu wenig rentabler Produktionszweig geworden? Im Grunde wäre es für die Beantwortung dieser Frage nötig, die ganzen Zusammenhänge der heutigen Wirtschaft aufzuzeigen, was ein besonderes Buch erfordern würde. Es muß daher hier genügen, die wichtigsten und nächstliegenden Faktoren anzudeuten.

Der erste Faktor ist die Finanzfrage. Wohnungsbau ist in normalen Zeiten (abgesehen von der rasch vergänglichen Scheinblüte sogenannter Gründerepochen) ein Gebiet für die dauernde, gut gesicherte Anlage von Kapital zu relativ mäßigen Zinsen. Solches Kapital strömte vor dem Kriege aus tausend kleinen Kanälen in Form von kleineren und mittleren Ersparnissen der Gewerbetreibenden, der Beamten, der Angestellten zusammen und wurde durch Sparkassen und Hypothekenbanken mit einem kleinen aber sicheren Zwischengewinn für Wohnungsbaugelder und Hypotheken zur Verfügung gestellt. Der Umfang dieser Spargelder ist auf Grund der wirtschaftlichen Kriegsfolgen enorm zurückgegangen, zum Teil weil der Mittelstand, aus dem sie angesammelt wurden, proletarisiert ist, zum Teil weil die ungeheure Verschärfung des Konkurrenzkampfes, die seit dem Kriege eingetreten ist, dazu zwingt, auch aus kleinen Kapitalbeträgen, unter Verzicht auf die Sicherheit, nicht nur Renten, sondern das denkbar höchste an Profit herauszuholen. Die Behauptung der marxistischen Wirtschaftstheorie, daß die durchschnittliche Profitrate die Tendenz hat, ständig zu sinken, ist durch die Entwicklung der Weltwirtschaft seit dem Kriege vielfältig erneut als richtig bewiesen worden. Neben anderem, das darzulegen hier zu weit führen würde, zeigt sich dies eben in der Verschärfung des allgemeinen Konkurrenzkampfes, die wiederum in Deutschland infolge der Niederlage und der Tributleistungen einen besonders hohen Grad erreicht hat, und es zeigt sich gerade auch darin, daß die Neubildung von Rentenkapital vernachlässigt wird zu Gunsten der Kapitalsanlage in Spekulationsgeschäften und in Profit tragenden Industrien.

Außer durch die Höhe der Verzinsung und das geringere Risiko ist bekanntlich das Rentenkapital noch gekennzeichnet durch die langfristige Anlage, wie sie gerade für den Wohnungsbau, genauer gesagt: für den Erwerb und die Ausnutzung von Mietshäusern, charakteristisch ist. Diese langfristige Kapitalsanlage ist aber infolge der geschilderten Tatsachen heute auch nicht mehr das, was die sparende Mittelklasse verlangt. Vielmehr geht auch sie mehr und mehr dazu über, nach kurzfristigen Anlagemöglichkeiten zu suchen, in denen das Kapital sich rasch umschlägt und, nachdem es Profit geheckt hat, bald wieder zu neuer Verwendung in die Hände des Eigentümers zurückkehrt.

Alle diese Umstände haben nun dazu geführt, daß für Baugeld und langfristiges Hypothekenkapital außerordentlich hohe Zinsen verlangt werden. Man rechnet heute, daß eine erste Hypothek mit allen Nebenkosten 10 und 11 Prozent, ja 12—13 Prozent, eine Hypothek an zweiter Stelle 14—15 Prozent kostet. Diese Zinssätze haben jedoch keineswegs einen entsprechenden Zustrom von Kapital zum Bau- und Hypothekenmarkt zur Folge gehabt, der zu einer Senkung der Zinsen hätte führen können. Hierfür sind neben der tatsächlichen Knappheit an geeignetem Kapital noch andere Gründe maßgebend, von denen später die Rede sein soll. Jedenfalls ist für die Lage bezeichnend, daß einer der größten Grundstücks- und Bauspekulanten Berlins, Kommerzienrat Haberland, 1928 in der Generalversammlung einer seiner Terraingesellschaften erklärt hat, der Bau von Kleinwohnungen sei heute kein gutes Geschäft mehr und die Gesellschaft müsse daher im Interesse ihrer Aktionäre sich nach lohnenderen Geschäftsmöglichkeiten umsehen.

Der zweite Faktor, der eine starke Verteuerung des Wohnungsbaues erzeugt, ist die Steigerung aller Baukosten. Man faßt diese Kosten gewöhnlich in einem sogenannten Index zusammen, der die Höhe der entsprechenden Kosten vor dem Kriege gleich 100 ansetzt und zur Zeit, Frühjahr 1930, auf etwa 170 steht. Dies bedeutet, daß ein Haus, dessen Bau vor dem Kriege 10 000 Mark gekostet hatte, heute — den gleichen Grundstückspreis vorausgesetzt — 17 000 Mark kosten würde, wenn nämlich die Zinsen noch auf Vorkriegshöhe ständen. Da aber außerdem die Kapitalverzinsung mindestens das Doppelte gegenüber der Vorkriegszeit erfordert, stellen sich die Kosten für dasselbe Haus roh gerechnet für die dauernde Zinsbelastung, etwa auf das Dreieinhalbfache gegenüber der Vorkriegszeit.

Bei dieser Sachlage wäre naturgemäß ein enormes Hochschnellen der Mieten für Neubauwohnungen und infolge davon auch für alte Wohnungen erfolgt, wenn das Gesetz von Angebot und Nachfrage auf dem freien Markt sich hätte auswirken können. Es ist begreiflich, daß die Interessenvertretungen der Haus- und Grundbesitzer und der Bauunternehmer immer von neuem nach diesem „freien Spiel der Kräfte" rufen, das ihnen, nachdem die Inflation sie zum größten Teil von ihren alten Hypothekenschulden entlastet hat, auch noch riesige Gewinne aus freiem Mietwucher in den Schoß werfen würde.

Nun hat man sich allerdings genötigt gesehen, im Wohnungswesen noch die aus der Kriegszeit stammende Zwangswirtschaft im wesentlichen beizubehalten. Jeder weiß heute, worin diese Zwangswirtschaft besteht. Daß sie gegenüber den reichsten Klassen versagt und nicht etwa zu einer Linderung der Wohnungsnot durch Beschlagnahmungen von Luxuswohnungen und Villen benutzt wird, versteht sich in einem kapitalistischen Staate von selbst. Eine ebenso selbstverständliche Folgeerscheinung ist die Herausbildung eines mehr oder weniger offenen und halb legalen Marktes für Wohnungsbescheinigungen und dgl. Andererseits ist es Tatsache, daß die Wohnungszwangswirtschaft allein es überhaupt ermöglicht, daß mit dem heutigen Lohn noch Wohnungsmieten bezahlt werden können. Insofern ist die Wohnungszwangswirtschaft eine typische Maßnahme der Sozialpolitik; auf der einen Seite erleichtert sie bis zu einem gewissen Grade die Existenzmöglichkeiten der Arbeiterklasse, auf der andern Seite sorgt sie eben hierdurch für den Fortbestand der kapitalistischen Wirtschaft. Denn man wird sich ungefähr ausmalen können, welche sozialen Kämpfe entstehen müßten, wenn die Mieten heute insgesamt im Durchschnitt etwa auf das Zweieinhalb- bis Dreifache erhöht würden, wie es bei einer Umstellung auf freie Wohnungswirtschaft eintreten müßte.

Wie nun heute die Gelder zum Wohnungsbau für die breiten Massen durch die Hauszinssteuer aufgebracht und durch die amtlichen Wohnungsfürsorgegesellschaften verteilt werden, ist im allgemeinen bekannt genug und braucht hier nicht dargestellt zu werden. Immerhin sei daran erinnert, daß dieses System auf der Tatsache der Inflation beruht, und zwar insofern als die Entwertung der alten Hypotheken als Begründung für die Hauszinssteuer und für die Zwangsfestsetzung der Mieten für alte Wohnungen dient. Der Gedankengang ist der: da die Hausbesitzer nur noch den vierten Teil ihrer alten Hypothekenschulden — für die sie auch nur künstlich niedrig gehaltene Zinsen zu leisten haben — zurückzuzahlen brauchen, und dies außerdem noch zu einem späteren, vom Staat festgesetzten Termin, können sie gezwungen werden, zur Erleichterung des Baues neuer Wohnungen beizutragen, hauptsächlich dadurch, daß sie mit billigeren Mieten zufrieden sein müssen, als sonst nach der Marktlage zu erreichen wäre. Da andererseits die Mieter von alten Wohnungen Vorteil von den billigeren Mieten haben, kann man von ihnen auch verlangen, daß sie innerhalb des Mietsbetrages auch zur Hauszinssteuer beitragen.

Auf diesem Wege über Hypothekenentwertung und Hauszinssteuern hat die wirtschaftliche Umwälzung, die der Krieg und in seinem Gefolge die Inflation mit sich brachte, unmittelbar aufs stärkste auch die Grundlagen der Wohnungsbauwirtschaft umgewälzt. Indirekte Einwirkungen kamen dazu: der verstärkte politische Einfluß des Sozialismus, die beschleunigte Industrialisierung, der Zustrom immer neuer Menschenmassen vom Lande in die Stadt.

Die Regierungen, die Stadtverwaltungen, die Wohnungsfürsorgegesellschaften sahen sich vor die Notwendigkeit gestellt, so rasch wie möglich und so billig wie möglich große Massen von Wohnungen für Bevölkerungsschichten der unteren und mittleren Einkommensstufen zu bauen. Der Massenbedarf stammte nicht nur aus dem Mangel an Baukapital in der Nachkriegszeit, er stammte naturgemäß schon aus dem Darniederliegen der Bautätigkeit während des Krieges. Nicht nur der Bedarf derjenigen Familien war zu decken, die im Normalverlauf der Entwicklung seit 1914 neu gegründet worden waren; vielmehr war auch der von früher her vorhandene Bestand an Wohnhäusern vielfach so vernachlässigt worden, daß einige Hunderttausend Wohnungen im Reiche wegen Baufälligkeit und hygienischer Gefahr von rechtswegen durch Neubauten ersetzt werden müßten.

Die politische Gefahr, die mit der Obdachlosigkeit großer städtischer Volksmassen verbunden ist, wurde frühzeitig erkannt und nötigten zu den bekannten weitgehenden Eingriffen der öffentlichen Hand in die Wohnungszwangswirtschaft. Diese Eingriffe hatten und haben nun allerdings Folgen auf wirtschaftlichem und sozialem Gebiet, die vielleicht nicht im ganzen Umfange und von allen Beteiligten vorhergesehen wurden. Da man aus vielen Gründen darauf bedacht sein mußte, die für den Wohnungsbau bestimmten öffentlichen Gelder so gut als möglich auszunutzen, d. h. für einen bestimmten Betrag soviel Wohnungen als möglich zu bauen, sah man sich zu Maßnahmen gezwungen, die neue wirtschaftliche und politische Konfliktmöglichkeiten in sich trugen.

Die Verbilligung der Herstellungskosten einer Wohnung kann — abgesehen von den reinen Kapitalzinsen — auf vier Gebieten gesucht werden: im Bodenpreis, in den Baustoffpreisen, in den technischen Methoden des Bauens und in der Organisation des Wohnens.

Von diesen vier Möglichkeiten ist man hinsichtlich der Baustoffpreise am wenigsten vorwärts gekommen. Hier erwies sich der Widerstand der Industrie als außerordentlich stark, insbesondere bei der hoch organisierten Zementindustrie, deren Produkt für die meisten modernen Baumethoden unentbehrlich ist. Was die Technik der Bauherstellung betrifft, so finden hier zwar die Bestrebungen auf eine Verbilligung in gewisser Weise einen Bundesgenossen in der langsam aufstrebenden modernen Bauindustrie. Doch ist hier die Konkurrenz zwischen den verhältnismäßig wenigen Großfirmen zu gering und durch Abmachungen zwischen diesen Firmen schon zu sehr eingedämmt, als daß auf diesem Gebiet entscheidende Vorteile der Verbilligung gefunden werden könnten. Außerdem ist das Handwerk mit seinen kostspieligeren Methoden vielfach noch nicht auszuschalten; zum Teil hat dies technische Gründe, zum Teil ist die Machtstellung des Handwerks zurückzuführen auf die engen Beziehungen, die überall zwischen den lokalen amtlichen Stellen, insbesondere den Stadtverwaltungen, und den ortsansässigen Handwerkern bestehen. Schließlich ist in dieser Beziehung einer der kostspieligsten Faktoren des Bauhandwerkes, nämlich der gelernte Maurer, vorläufig noch durch die Tatsache geschützt, daß die Ersatzbaustoffe für den Ziegel (Gasbeton, Bimsbeton, Kunststeinplatten verschiedenster Art) sich technisch nur langsam zur notwendigen Vollkommenheit entwickeln und bis heute nicht zu dem Massenabsatz gelangt sind, der eine billige, gegen den Ziegel erfolgreiche Massenproduktion ermöglichen würde.

Angesichts dieser Schwierigkeit richteten sich die Bestrebungen auf eine Verbilligung des Wohnungsbaues am stärksten gegen die Punkte des geringsten Widerstandes: den Boden und die Wohnungsorganisation. Naturgemäß wurde die Einrichtung des Privateigentums an Grund und Boden in keiner Weise angetastet. Sogar der Weg der Enteignung gegen Entschädigung, der den Städten juristisch an und für sich offengestanden hätte, wurde zum Teil wegen der hohen Entschädigungssätze, die die Gerichte festzusetzen pflegen, nach Möglichkeit vermieden. Wohl aber haben die Städte, vor allem die Großstädte, in der Mehrzahl eine weitausschauende Bodenvorratspolitik getrieben, indem sie unter der Hand geeignetes Siedlungsgelände im Umkreis der Stadt gekauft und in städtisches Eigentum übernommen haben.

Mit diesem Vorgehen steht das Problem der Wohnungsorganisation im engsten Zusammenhang. Durch die einheitliche Bebauung der zusammenhängenden Gelände kam man in die Lage, die Kosten des Bauvorgangs wenigstens insoweit herabzusetzen, als eben die Unkosten einer Baustelle als Großbetrieb sich gegenüber den Unkosten des Einzelbaues senken lassen; man erspart hierbei vor allem Transportwege, und man kann die Verschwendung des kleinen Betriebes vermeiden durch planmäßige räumliche und zeitliche Organisation der einzelnen Teile des Bauvorgangs. Das Produkt aber, das auf diese Weise geschaffen wird, ist nun eben etwas grundsätzlich anderes als das einzelne alte Mietshaus im Innern der Stadt. Wer in einer zusammenhängenden Siedlung 1000 Wohnungen auf einmal so billig als möglich erbauen soll, ist schon allein durch diese Aufgabe gezwungen. nicht nur den Bauvorgang selbst, sondern auch die Verwendung des Produkts zu organisieren. Er muß mit dem Bedarf, den Lebensgewohnheiten und Zahlungsmöglichkeiten einer Masse von Mietern rechnen, und zwar muß er annehmen, daß er es mit einem bestimmten Allgemeindurchschnitt zu tun hat, von dem der einzelne nur wenig abweicht.

Auf diesem Wege kam man allmählich dazu, das Problem der sogenannten „Kleinwohnung", ja sogar der „Kleinstwohnung" immer schärfer durchzudenken. Dabei ist man in der Festsetzung dessen, was als Mindestwohnraum für die normale Durchschnittsfamilie zu gelten habe, vielfach sehr tief heruntergegangen. Und die Architekten, die beauftragt worden sind, derartige Mindestwohnungen zu entwerfen, haben dafür den Ausdruck gefunden, daß man sie zwinge, den Meter zu 90 Zentimeter zu rechnen. Immerhin bleibt man fast durchweg dabei, die Familie, aus Mann, Frau und 1 bis 3 Kindern bestehend, als die normale Lebensform der weitaus überwiegenden Mehrzahl der Menschen zu betrachten und ihren Mindestwohnbedarf als Grundlage zu nehmen. Nur wenige Ledigenheime, Häuser für berufstätige, allein-

Abb. 1: „Dächerkrieg in Berlin-Zehlendorf", 1928-29.
Rechts „Flachdach-Siedlung" der Gehag
(Waldsiedlung am U-Bahnhof Onkel-Toms-Hütte),
Architekten Bruno Taut, Hugo Häring und Otto Rudolf Salvisberg:
„modern und städtisch";
links „Steildach-Siedlung" der Gagfah (Siedlung Fischtalgrund),
erbaut von 17 Architekten, darunter Alexander Klein, Hans Poelzig,
Paul Schmitthenner, unter der Oberleitung von Heinrich Tessenow:
„Nachahmung des Bauernhauses."

stehende Frauen und dgl. geben Zeugnis dafür, daß man sich auch an das Vorhandensein anderer Lebensformen erinnerte. Für die Normalfamilie jedoch wurden die Wohnungsbedürfnisse zwangsweise vereinheitlicht; in einer Fülle von technischen Arbeiten, Zeichnungen und Bauten haben die Architekten unserer Zeit versucht, klarzulegen, wieviel Schlafräume eine solche Familie braucht, ob sie ein Wohnzimmer mit Kochnische oder eine Wohnküche benötigt, wie die Räume am besten zueinander angeordnet werden, damit überflüssige Arbeitswege der Hausfrau vermieden werden und dgl. mehr.

Dabei ist man jedoch noch auf ein zweites Problem gestoßen: es galt nämlich nicht nur für das Innere der Einzelwohnung die besten Möglichkeiten im Verhältnis zu den geringen verfügbaren Mitteln zu finden, sondern es galt auch eine solche Gruppe von mehreren Hundert Wohnungen so anzuordnen, daß die einzelnen Familien sich gegenseitig so wenig als möglich störten. Da man aus sozialen, hygienischen und bevölkerungspolitischen Gründen das mehrstöckige Haus, wie es überall in den Städten steht, vermeiden und möglichst jeder Familie ein ein- oder zweistöckiges Häuschen sichern wollte, gerieten diese Häuschen mit ihren kleinen Abmessungen in bedenklich enge Nachbarschaft zu einander. Namentlich dort, wo man aus Ersparnisgründen die Wände zwischen Haus und Haus so dünn als möglich machte. Was dabei entstand, ist gelegentlich, nicht ganz mit Unrecht, als „Proletariervilla" bezeichnet worden. Das Problem, in solchen Siedlungen den einzelnen Wohnparteien den nötigen Schutz vor der Beobachtung durch nachbarliche Neugier zu sichern, ist erst verhältnismäßig zu spät erkannt worden, nachdem man sich lange Zeit erhebliche Illusionen über die Möglichkeiten eines paradiesischen Gemeinschaftslebens hingegeben hatte. Man hat vielerlei versucht: die einen ordnen solche Häuser schräg in Absätzen nebeneinander an, andere verteilen die zwei Stockwerke eines Siedlungshäuschens an zwei bis vier Familien mit verschiedenen Treppen oder verschiedener Höhenlage der Wohnungen, die Notwendigkeit der schalldichten Absonderung jeder einzelnen Wohnung ist heute wohl allgemein anerkannt, aber technisch noch nicht vollkommen durchführbar. Alles in allem scheint es, als ob diese Aufgabe der Organisation des Massenwohnungsbedarfs noch nicht voll-

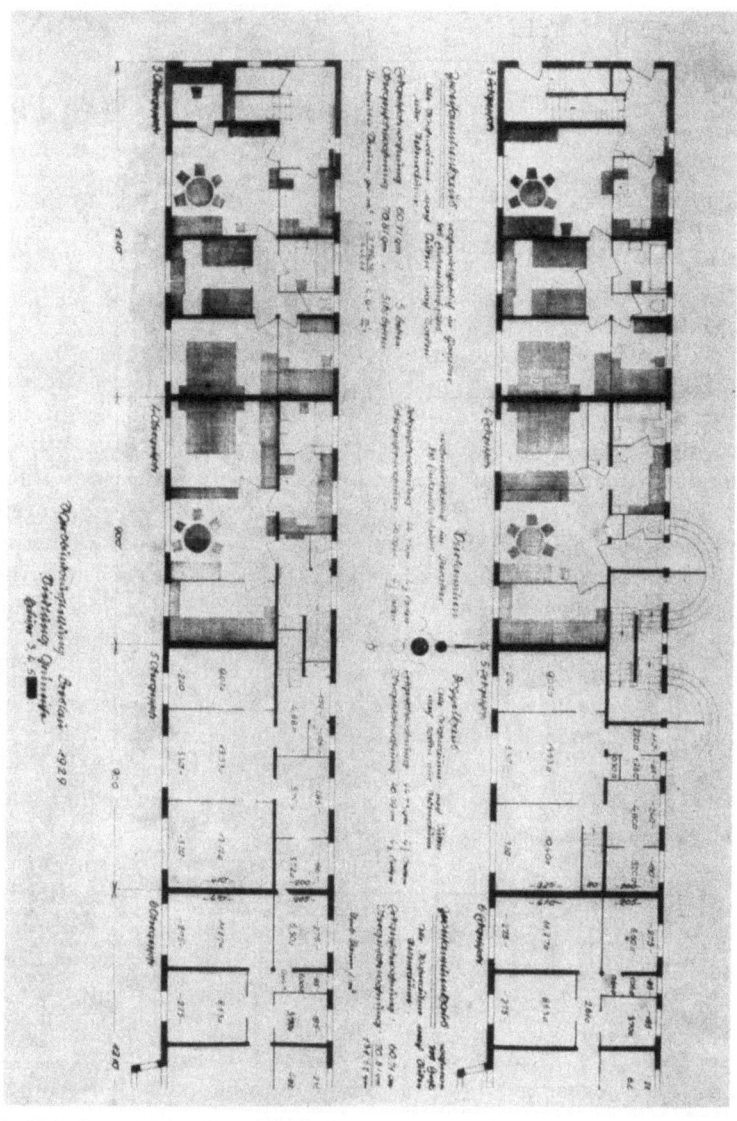

Abb. 2: Werkbundsiedlung Breslau, 1929
(Ausstellung „Wohnung und Werkraum").
Grundrisse der Reihenhauswohnungen von G. Wolf.
„Getrennte Eingänge, alle Wohnräume nach Süden,
nach Norden nur Nebenräume, reichlich Abstellraum."

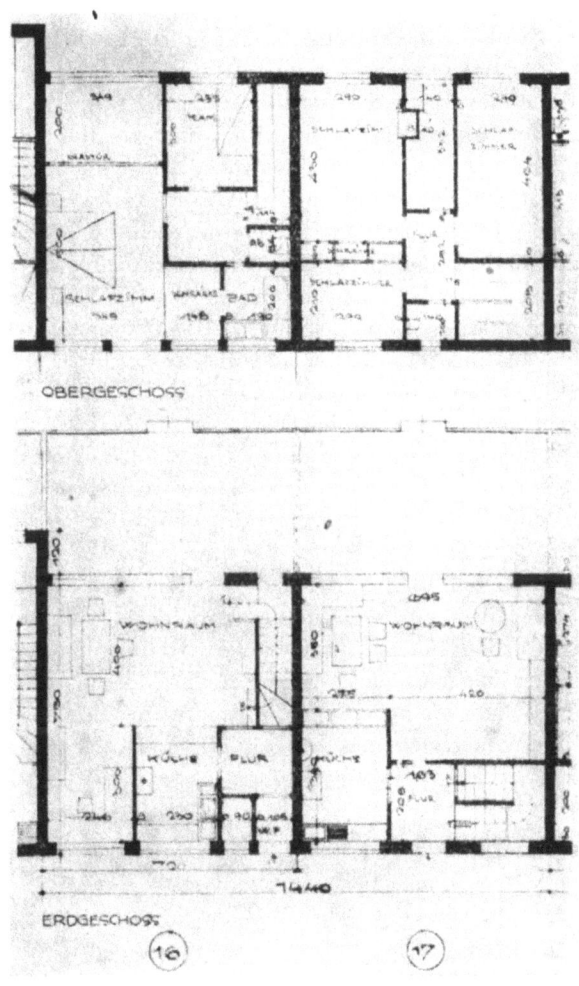

Abb. 3: Werkbundsiedlung Breslau, 1929. Grundrisse zweier zweigeschossiger Reihenhäuser von M. Hadda. „85 bzw. 86 qm Wohnfläche."

kommen gelöst ist, weder für die einzelne Wohnung an sich, noch für das Nebeneinander der Wohnungen.

Trotzdem lassen alle diese Versuche deutlich erkennen, wie sich der Wohnungsbau der öffentlichen Hand auswirkt auf die Gestaltung der Gewohnheiten und Bedürfnisse des Wohnens. Da die Widerstände der Baustoffproduktion und der bauenden Gewerbe zu stark sind, um bedeutende Ersparnisse in der Wohnungsproduktion selbst zu ermöglichen, so richtet sich die Notwendigkeit, Ersparnisse überhaupt zu erzielen, in ihrer ganzen zwangsläufigen Kraft gegen den Verbraucher, und alle Versuche von Wohnungsfürsorgegesellschaften und sozial denkenden Architekten, aus dieser Situation noch das beste durch eine vernünftige Organisation der Wohnungen herauszuholen, können diesen Tatbestand nur ungenügend verschleiern.

Auf der andern Seite wird durch diese Entwicklung die Wohnungswirtschaft einbezogen in die allgemeine Tendenz des modernen Kapitalismus, für alle seine Produkte einen möglichst gleichmäßigen Bedarf zu schaffen, der durch industrielle und maschinelle Methoden befriedigt werden kann. Diese Tendenz ist ganz gewiß kein Sozialismus, aber sie liegt allerdings auf der Linie der Entwicklung, die von der handwerkerlichen Produktion auf individuelle Bestellung hinführt zu einer sozialistischen Massenproduktion zur Bedarfsdeckung. Auf dieser Linie ist ja überhaupt die kapitalistische Epoche nur ein Durchgangsstadium, das die Voraussetzungen der Zukunft schafft.

Parzelle - Siedlung - Gemeineigentum

Wie die Wohnungswirtschaft der Gegenwart bei ihrem Suchen nach Verbilligungsmöglichkeiten auch auf die Kosten von Grund und Boden stieß, und wie sie hier durch den kommunalen Ankauf von Gelände einen Umweg machte, wurde bereits angedeutet. Wie wichtig aber dieser Schritt als Stufe einer weiteren Entwicklung ist, und in welchem Gegensatz er zu den älteren Zuständen steht, lohnt noch eine genauere Betrachtung.

Uns, die wir in der Großstadt Jahr aus Jahr ein leben, wird nur selten einmal klar, was für ein ganz ungeheuerliches Gebilde das ist. Und auch wer von der kleinen Landstadt gelegentlich in die Großstadt kommt, empfindet zwar den Wirbel ihres Verkehrs, stöhnt über die großen Entfernungen und möchte nicht gern in einer Wohnung leben, die „so dunkel", „so laut" oder „so staubig" ist. Trotzdem hält der Zuzug nach den Großstädten dauernd an, die Leute flüchten nicht nur vom Lande, weil ihnen in ihrer alten Heimat die Arbeits- und Lebensbedingungen nicht mehr zusagen — wenn es nur das wäre, so könnten sie aus einer Kleinstadt in die andere, von dem nordöstlichen Gutshof in ein hessisches oder badisches Dorf ziehen. Nein, sie w o l l e n in die Stadt, in die Großstadt, trotz der dunklen, lauten und staubigen Wohnungen und trotz der großen Entfernungen.

Und dann sitzen sie in einem dieser Steinkästen, die um die Baublocks herumgebaut sind, vorne, wenns gut geht, die lärmende Straße, hinten der enge und stickige Hof. Meistens denkt man, eine Stadt kann nicht gut anders gebaut sein, da doch natürlich die Straßen für den Verkehr da sein müssen und zwischen den Straßen bleiben eben Baublocks übrig, auf die man irgendwie aus Steinen große Kästen mit Fenstern hinsetzt, damit die Menschen darin wohnen können.

Als der junge Kapitalismus die alten Städte in Großstädte im modernen Sinne umwandelte, da fand er das Privateigentum an Grund

und Boden bereits vor. Bis dahin bedeutete dieses Privateigentum allerdings im allgemeinen — von vereinzelten Fällen des Bodenwuchers, die es auch in feudalen und ganz frühkapitalistischen Zeiten gegeben hat, kann man hier absehen — nichts anderes als ein Eigentum zum direkten Gebrauch des Eigentümers selbst: der Bauer bewirtschaftete seinen Boden, der städtische Handwerker und Krämer führte seine Arbeit im Produktionsprozeß auf seinem Grundstück aus.

Die eigentümliche Kraft der kapitalistischen Wirtschaft, alles was sie in die Hände bekommt in Ware zu verwandeln, bewährte sich jedoch in der Zeit des Wachstums der modernen Industrie auch gegenüber dem Grund und Boden. Wo immer in der Nähe einer Fabrik Arbeitskräfte angesiedelt werden mußten, dort wurde der Boden zur Ware. Wo die Zusammenballung industrieller Produktionsmittel zum Ausbau einer Stadt, zur Angliederung von Arbeiterwohnvierteln führte, wurde Grund und Boden im größten Maßstabe zur Ware. Zur Ausbeutung durch die Maschine und durch den Handel mit Bedarfsgegenständen gesellte sich mit demokratischer Gleichberechtigung die Ausbeutung durch den Grundbesitzer, den Bauunternehmer und den Hausbesitzer, hinter denen im Laufe der Zeit immer mächtiger das Finanzkapital in seiner Organisationsform als Hypothekenbank auftauchte.

Jeder alte Berliner, um nur ein Beispiel zu nennen, erinnert sich noch der Schöneberger Bauern, jener ländlichen Großbesitzer, die durch das enorm rasche, fast gewaltsame Wachstum der jungen Hauptstadt des preußischen und neudeutschen Imperialismus in kürzester Zeit zu Millionären wurden. Weniger deutlich sind die zahllosen Spekulanten in der Erinnerung geblieben, die an Käufen und Verkäufen, an Baudarlehen und Hypotheken, an Zwangsversteigerungen und Konkursen in der Geschichte jedes einzelnen Grundstückes in allen neueren Großstadtvierteln abwechselnd gewonnen und verloren haben.

Diese Beweglichkeit des Bodens als Handelsware ergab sich aus der vorgefundenen Einrichtung des Privateigentums, und sie hatte andererseits zur Folge eine enorme Zersplitterung des Grundbesitzes. Die größeren landwirtschaftlichen Flächen vor den Toren der Städte und am Rande der industrialisierten Dörfer wurden beim ersten oder spätestens beim zweiten Verkauf parzelliert, da tausende von kleineren Ka-

Abb. 4: Freiluftschule in Amsterdam, 1930.
Architekt Johannes Duiker, Amsterdam.

Abb. 5: Werkbundsiedlung Weißenhof, Stuttgart 1927
(Ausstellung „Die Wohnung").
Architekten Peter Behrens, Walter Gropius, Hans Poelzig,
Bruno Taut, Hans Scharoun, Adolf G. Schneck, Ludwig Hilberseimer,
Richard Döcker, Adolf Rading, Max Taut, Josef Frank, Le Corbusier,
J. J. P. Oud, Mart Stam, unter Leitung von Ludwig Mies van der Rohe.
„Als Versuchssiedlung erbaut. Die vielen Dachgärten, besonders die
halbgedeckten auf dem langgestreckten Block von Mies van der Rohe."

pitalisten auf Teilnahme an dem erhofften Spekulationsgewinn brannten, und die Parzelle blieb von da an das Element der weiteren städtischen Entwicklung, das individuelle Privateigentum, der einzelne Privatkapitalist beherrschte die Situation.

Diese weitgehende Zersplitterung des Grundbesitzes hätte an und für sich dazu führen können, daß in jedem Stadtteil vollkommen wild und regellos Häuser jeder Art nebeneinander gebaut werden konnten, kleine und große Fabriken, Mietskasernen mit Hinterhöfen, Villen und kleine Einfamilienhäuser. Viele Straßen von Moskau sehen tatsächlich so buntscheckig aus, doch ist dies aus ganz besonderen Verhältnissen zu erklären. In den westeuropäischen Industrieländern und besonders in Deutschland entwickelte sich doch immerhin ein gewisses Mindestmaß an Gleichmäßigkeit der Bebauung. Wirtschaftliche und soziale Verhältnisse gaben die Grundlage dafür: da die gesamte Bodenspekulation immer nach dem Grundsatz handelte, daß den letzten die Hunde beißen, so blieb in der Regel demjenigen Eigentümer, dem ein Grundstück im Augenblick eines allgemeinen wirtschaftlichen Rückgangs gehörte, nichts anderes übrig, als sehr genau auszurechnen, wie er bei möglichst starker Ausnutzung ein Mindestmaß von Rente für das hineingesteckte Kapital herauswirtschaften konnte. Bei dieser Rechnung fand er verschiedene Grenzen vor; vor allem mußte er sich nach dem allgemeinen Charakter der Gegend richten, da nun einmal — und zwar in Deutschland vielleicht stärker als in irgend einem anderen Lande — feststand, daß Angehörige verschiedener Klassen (oder, wie man damals noch meistens empfand, verschiedener Stände) nicht gerne nahe beieinander wohnen. Hatte ein Stadtviertel einmal begonnen, sich überwiegend als Arbeiterviertel zu entwickeln, so mußten hier auch neue Häuser als Arbeiterwohnhäuser gebaut werden, weil „bessere Leute" als Mieter in ein solches Viertel nicht zu bekommen waren. Und ebenso kennt jeder in seiner Stadt die Viertel des Mittelstandes und die des Beamtentums und der Großbourgeoisie.

Dann aber gab es noch in reichlichem Maße behördliche Vorschriften. Sie kümmerten sich, abgesehen von den primitivsten Gesundheitsfragen, in der Hauptsache um Sicherheitsfragen, Feuerschutz, Straßenbreite. schließlich um das äußere Bild, und zwar im Sinne einer gewissen Gleichmäßigkeit, um die sog. Fluchtlinie. Man sorgte also dafür, daß die Häuserfronten hübsch gerade an der Straße standen, daß die einzelnen Stockwerke einigermaßen gleich hoch wurden, daß eine gewisse Anzahl von Etagen, die für jedes Stadtviertel auf Grund eines sog. Bauzonenplanes besonders festgestellt wurde, nicht überschritten wurde, daß Balkons nicht weiter als zulässig in den Luftraum hineinragten, und was dergleichen Wichtigkeiten mehr sind. Hauptsache: alles hat nach außen eine gewisse preußische Ordnung, die man mit Lineal und Winkelmaß nachkontrollieren kann und die „anständig" aussieht.

An höhere hygienische Forderungen hat damals kaum jemand gedacht. Und so kommt es, daß die Straßen unserer Städte kreuz und quer zu den Himmelsrichtungen verlaufen, daß damit auch die Lage der Wohnungen mit dem Gang der Sonne gar nichts zu tun hat, daß es zahllose Wohnungen gibt, in die das Sonnenlicht niemals hineinkommt, und zahllose andere, in denen die Sonne nur einige Monate im Jahr und ein paar Stunden im Tag in ein einziges Zimmer kommt, während andere Zimmer oder mindestens Korridore vollkommen im Dunkeln liegen und zu jedem Gebrauch künstlich erleuchtet werden müssen. So kommt es schließlich, daß in zahllosen Wohnungen niemals ein Lufthauch quer durch die ganze Wohnung kommen kann, weil alle Fensteröffnungen nur nach einer Seite zu liegen; dabei ist die sog. Querlüftung die einzige Möglichkeit, verbrauchte Luft, schlechte Gerüche und Krankheitsdünste wirksam aus der Wohnung zu jagen.

Alle diese Nachteile des alten städtischen Miethauses sucht man heute auf den im Zusammenhang gebauten Wohnsiedlungen zu vermeiden. Man sucht Wohnungen zu schaffen, die ohne Ausnahme durchlüftet werden können, die im Laufe des Tages in allen Räumen ausgiebige Sonnenbestrahlung haben, von denen jede einzelne mit einem kleinen, vor allem für heranwachsende Kinder wichtigen Garten versehen ist, die schließlich auf Balkon oder Dachgarten eine Möglichkeit zum Sonnen- und Luftbad bieten.

Die Bewegungsgesetze des Kapitalismus bringen es nun allerdings mit sich, daß diese neue Form, die als Notbehelf gefunden worden ist, zugleich innerhalb des bestehenden wirtschaftlichen Gesamtsystems einen neuen Widerspruch erzeugt.

Eine solche Großsiedlung, in der noch dazu große Beträge öffentlicher Gelder stecken, ist nicht so leicht zu verkaufen wie früher die einzelne Parzelle. Bleistifte und Reklamebildchen kann jedes Schulkind kaufen, für Aktien im Wert von einigen tausend Mark finden sich kaufkräftige Interessenten noch immer im breiten Mittelstand, Zinshäuser im Werte zwischen zwanzig- und hunderttausend Mark finden schließlich auch noch ihre Abnehmer unter mittleren Geschäftsleuten, die einen Teil ihres Geldes sicher anlegen wollen. Aber eine Großsiedlung, die einen Wert, sagen wir, von einer oder zwei oder auch zehn Millionen verkörpert — das ist ein unbequemes Handelsobjekt. Wer wird soviel Geld in eine einzige Anlage stecken, die sich doch nur sehr mäßig verzinst? Natürlich klagt der gewerbsmäßige Grundstückshandel jetzt seit Jahren darüber, daß sein Geschäft still liegt. Dies braucht uns innerhalb unserer Betrachtung wenig zu kümmern, wohl aber müssen wir uns als Sozialisten einige grundsätzliche Gedanken über die wirtschaftlichen Fragen machen, die hier vorliegen. Zunächst einmal zeigt sich ganz deutlich: wenn an einer Stelle der heutigen kapitalistischen Wirtschaft der Versuch gemacht wird (wie unzulänglich auch immer), nach dem Leitgedanken der Bedarfsdeckung und nicht nach dem Leitgedanken des Profits zu handeln, so entsteht ein Gebilde, das in die übrige wirtschaftliche Umwelt des Kapitalismus nicht hineinpaßt und ihr Verdauungsbeschwerden verursacht. Auf der einen Seite kann der Wohnungsbedarf nicht gedeckt werden ohne Heranziehung öffentlicher Mittel, d. h. also ohne Steuergelder. Andererseits ergibt sich hierbei eine Form der Bauwirtschaft, eben die Großsiedlung, die das private Kapital geradezu davon abschrecken muß, sich zu beteiligen. Dadurch wird, unter dem Druck des unbefriedigten Wohnungsbedarfs, der öffentliche Geldgeber, Reich, Staat, Gemeinde, immer von neuem angetrieben, weitere öffentliche Gelder zum Wohnungsbau bereitzustellen. Die Klasse der Unternehmer und Rentiers aber, die durch die geforderten Steuern sich belastet fühlt, drängt naturgemäß mit aller Kraft auf einen Abbau dieser Steuern und auf die Wiederherstellung der sog. „freien Wirtschaft", d. h. die Auslieferung des Wohnungsbedarfs an das ungehemmte Spiel von Angebot und Nachfrage.

Abb. 6: Modell der Siedlung Leipzig-Gohlis, 1929.
Architekten Hans und Wassili Luckhardt und Alfons Anker.
„Der Grundgedanke – Zeilenbau in Nord-Süd-Richtung
mit Ost- und West-Licht für jede Wohnung – ist bewußt etwas aufgelockert.
Verkehrsstraßen und Wohnwege sind getrennt."

Aber auch die Gemeinden selbst, die sich in ihrer Rolle als direkte oder indirekte Hausbesitzer ohnehin nicht recht wohl fühlen, haben allmählich starke Bedenken gegen die Fortsetzung dieser Siedlungspolitik bekommen. Sie machen sich klar, daß sie innerhalb der kapitalistischen Wirtschaft auch ihre Wohnungspolitik letzten Endes nicht anders als kapitalistisch betreiben können, d. h., daß sie mit einem Risiko belastet sind. Dieses Risiko schien bisher nicht erheblich, und man hat es kaum beachtet. Jetzt aber stellt sich heraus, daß man allmählich mit der Wohnungsproduktion scheinbar den Bedarf gedeckt hat und dadurch in die Gefahr kommt, auf weiteren Bauten sitzen zu bleiben. Der t a t s ä ch l i ch e Bedarf ist natürlich zur Zeit keineswegs gedeckt, wohl aber kommt man allmählich an die Grenze des z a h l u n g s- f ä h i g e n Bedarfs, und einzelne Städte, wie z. B. Mannheim, haben diese Grenze bereits erreicht. Man hat nämlich, trotz aller Bemühungen, nicht billig genug zu bauen verstanden. Man rechnet im allgemeinen, daß von den niedrigen Einkommen ein Fünftel als Miete getragen werden kann, während Leute mit höherem Einkommen, etwa die Schicht der mittleren und höheren Beamten, normalerweise nur ein Siebentel ihres Einkommens für Miete auszugeben brauchen. Eine Miete, die mehr als ein Fünftel des Einkommens verlangt, gilt, und gewiß mit vollem Recht, als untragbar. Nun ist aber eben, gemessen am heutigen Niveau der Gehälter und Löhne, dieser Punkt im allgemeinen nicht erreicht worden. Praktisch bedeutet dies, daß Siedlungswohnungen, die für Arbeiter gedacht waren, zu einem großen Teil von ihnen nicht bezahlt werden können und deshalb von Angestellten, unteren und mittleren Beamten etc. bewohnt werden, die diese Wohnungen oft als Notbehelf empfinden, aber eben auch nicht in der Lage sind, die Miete für das, was sie eigentlich haben möchten, zu bezahlen. Und so hat sich z. B. in Mannheim im Winter 1929 auf 1930 herausgestellt, daß ein unbezweifelbarer Bedarf nach etwa 3000 bis 4000 Neubauwohnungen bestand, daß aber die Mieten in den mit Hilfe der Stadt errichteten Siedlungen um mindestens acht Mark monatlich höher lagen, als aus dem normalen Lohn eines Arbeiters zu tragen war. Dieser Punkt der Entwicklung wird früher oder später auch bei anderen Städten erreicht werden, und dann entsteht die Frage, ob — und auf wessen Kosten?!

— eine weitere Verbilligung durchgeführt werden kann, oder ob — und mit welchen Folgen! — der ungedeckte Massenbedarf eben ungedeckt bleiben soll.

Das wirtschaftliche Risiko, daß eine Stadt auf ihren Siedlungswohnungen sitzen bleibt oder sie nach dem Fortzug der ersten Bewohner nicht wieder vermieten kann, ist hierbei allerdings noch nicht allzu groß. Es wird aber aus einem anderen Grunde im Laufe der nächsten Jahrzehnte sehr beträchtlich werden. Da nämlich, wie bekannt, infolge des Krieges während der Jahre 1916/19 die Geburtenzahlen sehr gering waren, und da außerdem in Deutschland ganz allgemein der Bevölkerungszuwachs von Jahr zu Jahr rasch zurückgeht, kommt etwa von 1935 oder 1940 ab höchstwahrscheinlich der Zeitpunkt, in dem auch die Familiengründungen der inzwischen herangewachsenen Kriegskinder an Zahl sehr abnehmen und infolgedessen der Bedarf an Wohnungen für die neue Generation ganz gering sein wird.

Nun wird man gewiß, wenn man das heutige Wohnungselend kennt, nicht behaupten wollen, daß es nicht auch dann noch dringend notwendig wäre, neue Wohnungen zu bauen, und sei es auch nur zum Ersatz alter, unbrauchbarer und menschenunwürdiger Elendsquartiere. Aber ob dieser Bedarf in den kommenden Jahrzehnten dann auch am Wohnungsmarkt als kaufkräftige zahlungsfähige Nachfrage auftreten kann, ist denn doch sehr zweifelhaft. Heute schon sind die Städte durch eine planmäßige Unterminierungsarbeit der Großindustrie und der Banken vielfach gezwungen, den wertvollen Besitz an öffentlichen Werken und an Verkehrsanstalten mit sehr kritischen Augen zu betrachten und unter Umständen als bedenkliches Risiko zu empfinden; es ist sehr wohl möglich, daß in absehbarer Zeit auch auf dem Gebiet des kommunalen Siedlungsbaues der innere Widerspruch der kapitalistischen Wirtschaftsweise wieder weit schärfer als heute zutage tritt. Auch die kommunale Siedlung ist nur eine Stufe im dialektischen Prozeß, ein Entwicklungsabschnitt auf dem Wege, der von der Parzelle des konkurrierenden Privatkapitals zum vollständigen Gemeineigentum an Grund und Boden und zur planmäßigen Bedarfsproduktion im Wohnungsbau führt.

Bauen als Produktionszweig

Das Bauen als Zweig der gesellschaftlichen Produktion ist wohl am längsten unberührt geblieben von der modernen, wissenschaftlich organisierten, großindustriellen Produktionsweise. Am meisten gilt dies für das Gebiet, das uns hier besonders interessiert, den Wohnungsbau. Wasser- und Tiefbau, Festungs- und Kasernenbau, der Bau von Krankenhäusern und Manufakturen, schließlich der neuere Industriebau, der Getreidespeicher, Brücken, Kohlenzechen und Fabriken zu allen möglichen Zwecken herstellt, haben — ungefähr in der Reihenfolge, wie sie hier aufgezählt sind —, früher schon die Einflüsse modernen wissenschaftlich-technischen Denkens erfahren. Die Ingenieure der Renaissancezeit sind schon vor 400 bis 500 Jahren über die überlieferten Regeln der Baugilden und Steinmetzinnungen hinausgegangen. Sie haben schon neben dem niedergehenden Handwerk, das mit seiner Technik die Dome des Mittelalters geschaffen hatte, den Anfang einer neuen, vom praktischen Zweck bestimmten Bauweise gesetzt. Sie haben zuerst die Mathematik, die seit den Babyloniern, Ägyptern und Römern zurückgetreten oder gar verloren gegangen war, wieder in ihr Recht eingesetzt. Festungsentwürfe und Pläne für Wasserleitungen von Albrecht Dürer und Leonardo da Vinci beweisen es. Sie beweisen zugleich, daß diese Männer, die nicht nur Maler, sondern zugleich große Baumeister, Architekten und Ingenieure in einer Person waren, ihre Leistungen vollbracht haben unter dem Einfluß der praktisch-politischen Bedürfnisse der damaligen Gesellschaft: Sicherung der militärischen Macht des aufstrebenden Bürgertums, Erfüllung der Lebensbedingungen der neu aufkommenden städtischen Zivilisation.

Die Entwicklungslinie, die mit ihnen begann, setzt sich dann in den Festungsbauern der französischen Könige, in den Hafen- und Kanalbaumeistern Hollands, Spaniens, Englands weiter fort. Sie alle arbeiteten zwar für die praktische Ausführung noch durchaus mit dem Handwerk zusammen, wie es aus der älteren Epoche überkommen war. Die Ziegelei, das Zimmermannshandwerk, die Steinbruch- und Steinmetzarbeit, das Maurerhandwerk änderten sich kaum; höchstens kann man sagen, daß in Gebiete, die früher nur den roh gebackenen Lehm kannten, der gebrannte Ziegel, also eine vergleichsweise vorgeschrittenere Technik, eindrang. Doch alles dies blieb Handwerk; erst im 18. Jahrhundert wird die Ziegelherstellung vielfach als Manufaktur organisiert. Der große Unterschied, zu dem die Tätigkeit der Ingenieure des 15. bis 18. Jahrhunderts führte, bestand jedoch darin, daß für gewisse Bauten, nämlich solche des Verkehrs, der militärischen Macht und schließlich, in den Fürstenschlössern des 18. Jahrhunderts, für die Prunkentfaltung der herrschenden Feudalklasse, nach dem Plan eines Architekt-Ingenieurs gebaut wurde, eines Mannes, der nicht mehr selbst Handwerker war, sondern organisierender, wissenschaftlich vorgebildeter und wissenschaftlich arbeitender Spezialist. Mit ihm entstand über der herkömmlichen Arbeitsteilung des Bauhandwerks in Meister, Gesellen und Lehrlinge eine neue Stufe der Arbeitsteilung. Damit war der Uebergang zu einer modernen Produktionsweise in seinen Anfängen gegeben; aber es dauerte noch sehr lange, nämlich bis nach dem Weltkrieg, ehe der nächste Schritt dieser Entwicklung folgte.

Der Wohnungsbau bekam von der Entwicklung zunächst nichts zu spüren. Er blieb unbestrittenes Herrschaftsgebiet des Handwerks. Hier war vorläufig noch kein Arbeitsfeld für den Ingenieur oder den wissenschaftlichen Organisator vorhanden.

Der Kapitalismus, solange er individualistischer Konkurrenzkapitalismus blieb, brauchte für den Wohnungsbau eine solche organisierende Tätigkeit nicht. Er verwandte sie zwar anfangs noch für die Zusammenfassung von Wohnungen, d. h. für die Stadt als Ganzes, in gewissem Umfang; wieso und wieweit das geschah, davon sprechen wir an anderer Stelle; aber die einzelne Wohnung, das einzelne Wohnhaus brauchte keine fortgeschrittene Bautechnik, keine wissenschaftliche Organisation. Es blieb Sache des Handwerks, sie so herzustellen, wie es der Besteller verlangte und bezahlen konnte.

Natürlich: wirtschaftlich wird mit dem Sieg des Kapitalismus im 19. Jahrhundert auch der Wohnungsbau durchaus einbezogen in die

Form der kapitalistischen Wirtschaft. Wir zeigten schon, wie der Boden zu Ware wurde. Ebenso wurde auch das Haus und die Wohnung zur Ware. Der kapitalistische Herr über den Produktionsprozeß im Wohnungsbau wurde der Bauunternehmer, hinter dem das Finanzkapital in Gestalt der Hypothekenbanken stand. Oft war der Bauunternehmer zugleich auch Maurermeister oder ein Angehöriger eines anderen Bauhandwerks, oft auch zugleich Besitzer einer Ziegelei oder einer Baustoffhandlung. Dann vereinigte er zwei oder mehrere wirtschaftliche Funktionen — meist allerdings reine Ausbeuterfunktionen — in einer Person. Neben solchen Fällen gab es aber — und gibt es natürlich auch heute noch — vielfach den „reinen" Bauunternehmer, und das ist die Figur, die wir jetzt etwas näher betrachten wollen, weil sie wichtig ist für das Verständnis des kapitalistischen Wohnungsbaues, und weil sie unter den heutigen Verhältnissen nicht mehr so häufig zu finden ist wie vor dem Kriege.

Der Bauunternehmer ist im kapitalistischen Wohnungsbau etwas ähnliches, wie es der Zwischenmeister oder auch der Verleger in den Heimarbeitsindustrien ist. Das ist ein Mann, der eine gewisse oberflächliche Kenntnis der Rohstoffe und der Technik hat, der außerdem, und zwar etwas genauer, die Markt- und Preisverhältnisse auf seinem Gebiet kennt und dem schließlich ein gewisses Geldkapital zur Verfügung steht, das meistens nicht allzu groß ist. Dies Kapital nutzt er dazu aus, die einzelnen Produktionsfaktoren — hier also: Grund und Boden, Baustoffe, Bauhandwerker — zusammenzufassen zu einer Produktion, deren Ergebnis, also das Haus mit seinen Wohnungen, er dann möglichst rasch weiterverkauft, um sein Kapital wieder in Geldform herauszubekommen und es neu im gleichen Kreislauf zu verwerten.

Daß er bei diesem Vorgang streng darauf sieht, daß die Kosten, also die Ausgaben für Boden, Bauplan, Baustoffe, Arbeit, Gewinn der Handwerksmeister, möglichst niedrig bleiben, daß aber er selbst einen möglichst hohen Kaufpreis für das Haus (und dazu, wenn er außerdem noch selbst Handwerker ist, einen möglichst hohen Gewinn für seinen Anteil an der Handwerksarbeit bei möglichst niedrigen Löhnen für seine Arbeitskräfte) herausbekommt, versteht sich in der kapitalistischen Wirtschaft von selbst.

Damit er aber dieses Ziel erreicht, muß er häufig in hohem Maße spekulativ „arbeiten", d. h. er muß wittern, in welcher Richtung eine Stadt sich demnächst ausdehnen wird, wo billiger Boden verkäuflich wird, er muß rechtzeitig kaufen auf die Gefahr, zu früh gekauft und sein Geld festgelegt zu haben, er muß Baustoffe kaufen, wenn am Markt viel Angebot und wenig Nachfrage ist, und muß sehen, seine Häuser um so rascher loszuschlagen, je zweifelhafter ein stetiger Aufstieg des betreffenden Stadtteils ist, oder je rascher er sein Geld für neue Projekte in noch aussichtsreicheren Gegenden braucht.

Damit ist aber die Liste der Sorgen noch nicht erschöpft, die diesem armen Opfer des kapitalistischen Wirtschaftssystems seinen Schlaf rauben. Die Hochblüte der Bauspekulation, die in der Regel besonders nach siegreichen Kriegen einsetzte, brachte dem Spekulanten vielmehr noch andere Aufgaben, deren Erfüllung für ihn selbst zwar oft sehr profitlich, wirtschaftlich gesehen freilich nicht im mindesten produktiv, für die Gesellschaft jedoch zugleich höchst revolutionär war (wenn auch ohne Absicht und Bewußtsein einer solchen Wirkung): er hatte nämlich an der Zerstörung des Mittelstandes, an der Proletarisierung des Handwerks mitzuarbeiten, die zu den unvermeidlichen Bestandteilen des Hochkapitalismus gehört. Diesem unbewußten geschichtlichen Ziel dienten die Schiebungen mit Baugeldern und Zwangsversteigerungen, die in jeder Epoche blühender Bauspekulation an der Tagesordnung waren.

Die Bautätigkeit wird in der Regel nicht aus dem eigenen Kapital des Bauherrn (also des Auftraggebers) oder des Bauunternehmers finanziert, oder nur zu einem Teil. Ein größerer Teil wird aus Leihkapital entnommen. Ist das Haus fertig, so wird dieses Leihkapital als Hypothek eingetragen, wodurch dem Geldgeber bestimmte sehr weitgehende Rechte an dem Grundstück zur Sicherung seines Kapitals und seiner Zinsen sichergestellt werden. Solange aber das Haus noch nicht fertig ist, wird das Leihkapital nur als Baugeld auf Grund eines sog. Baugeldvertrages gegeben, und zwar in einzelnen Abschnitten, je nach dem Fortschreiten des Baues, so z. B. je ein Teil nach Unterkellerung und Herstellung der Grundmauern, nach Fertigstellung des ersten Stockwerks, des zweiten Stockwerks, nach erfolgter Bedachung usw. Praktisch bedeutet das, daß die Handwerker allemal am Lohntag Mühe haben, ihr Geld zu bekommen, nämlich dann, wenn nicht gerade eine Baugeldrate fällig gewesen ist. Denn natürlich wurden mit den einzelnen Baugeldraten, die dem Bauunternehmer ausgehändigt wurden, zunächst allerhand andere kurzfristige Geschäfte angefangen oder dringendere Schulden davon bezahlt. So kam es oft zu einem erbitterten Kleinkrieg zwischen Handwerkern, Bauunternehmern und Geldgebern, die sich um jeden Hundertmarkschein rissen wie die Wölfe um ein Stück Fleisch.

Die Blütezeiten dieses Treibens sind gegenwärtig vorüber, wenngleich ähnliches hie und da immer vorkommen kann und sicher auch vorkommt. In den Blütezeiten aber war der Baumarkt ein Schauplatz wildester kapitalistischer Beuterafferei. Jede Schiebung, jeder Betrug, jede Bauernfängerei war hier gang und gäbe. Eines der wirkungsvollsten Systeme der Halsabschneiderei war im ersten Jahrzehnt dieses Jahrhunderts vielfach in Übung, vor allem in Berlin. Der oberste Drahtzieher war hier der Terrain-Großspekulant, er verkaufte einzelne Parzellen von einem billig erworbenen großen Grundstück an die Kleinbauunternehmer, beschaffte ihnen durch eine Hypothekenbank, auf die er Einfluß hatte, teures Baugeld und setzte die Beträge für die einzelnen Bauabschnitte zu niedrig an. Die wilde Konkurrenz unter den Kleinbauunternehmern zwang diese dazu, solche ungünstigen Baugeldverträge abzuschließen. Sie hofften meist, noch weiteres Geld aus privater Quelle dazu zu bekommen oder das fehlende aus eigenen Mitteln ergänzen zu können, um dann schließlich nach Fertigstellung des Baues eine langfristige Hypothek zu besseren Bedingungen zu bekommen und dann das ganze Haus doch wieder mit Nutzen zu verkaufen. Der Großspekulant rechnete anders, und behielt damit meistens recht. Er bemängelte, wenn ein Teil des Baugeldes fällig wurde, die bisher geleisteten Arbeiten, hielt unter diesem oder einem anderen Vorwand seine Zahlungen zurück und trieb in der Regel kurz vor der Fertigstellung den Bauunternehmer bis zur Zwangsversteigerung des Grundstücks. In der Zwangsversteigerung kaufte dann irgendein Strohmann des Spekulanten das Grundstück mit dem nahezu fertigen Haus um ein Butterbrot, der Maurermeister oder wer sonst Bauunternehmer gespielt hatte, verlor sein eigenes oder fremdes Geld, die Handwerker bekamen nur einen Teil ihrer Materiallieferungen und Arbeiten bezahlt und der Großspekulant konnte mit einem kleinen Zuschlag das Haus fertigstellen, das ihm gehörte und von dessen Kosten er doch nur zwei Drittel, die Hälfte oder nur ein Drittel bezahlt hatte.

Manchmal wiederholte sich der gleiche Vorgang auch drei-, vier- oder fünfmal an dem gleichen Hause, und immer wieder gab es Kleinkapitalisten und Handwerksmeister, die sich die Krawatte des Baugeldvertrages um den Hals legen ließen.

Daß die enttäuschten und betrogenen Handwerker manchmal am Zahltag, wenn kein Geld kam, eingezogene Balken wieder herausrissen oder Fenster und Türen des Neubaues nach Hause trugen, hatte praktisch nicht viel Sinn und wurde womöglich noch als ungesetzliche Handlung verfolgt, während der in gesetzlichen Formen vollzogene Raub hier wie immer straffrei blieb.

Vom Handwerk zur Industrie

Die Notwendigkeit, den Wohnungsbau beträchtlich zu verbilligen, traf zeitlich zusammen mit einer technischen Entwicklung im Bauwesen, die zum Teil durch die Bedürfnisse des modernen Fabrikbaues ausgelöst worden war. Es ist in dieser Beziehung nicht möglich, die Entwicklung der Baustoffe getrennt von der Entwicklung der Bauherstelung zu betrachten. Wie eng beides zusammenhängt, zeigt sich am deutlichsten in dem Kampf um den Ziegel.

Der gebrannte Tonziegel, der in Deutschland im allgemeinen als wichtigstes Rohmaterial für die tragenden Wände herrscht — nur in einzelnen Gegenden des Mittelgebirges behaupten sich daneben Sandstein und andere Natursteinarten —, ist kein billiges Baumaterial. Zwar der Rohstoff kann fast in allen deutschen Gegenden ohne erhebliche Kosten gewonnen werden; auch die technischen Fabrikationskosten sind nicht allzu erheblich und die Zieglerlöhne sind schlecht genug. Was den Mauerstein teuer macht, ist die Produktion in vielen unrationellen Kleinbetrieben, sind die Transportkosten und ist schließlich die technische Eigenart seiner Verwendung. Und gerade hier hängen Baustoff und Bauherstellung aufs engste zusammen. Der Ziegel fängt in dem Augenblick an kostspielig zu werden, wo er an der Baustelle angelangt ist. Denn jetzt muß er vom Maurer, einem gelernten Handwerker, Stück für Stück eingemauert werden, was hohe Löhne kostet. Dann muß das Verbindungsmaterial, der Mörtel, trocknen, und das kostet entweder Zeit, d. h. Zinsen des Baukapitals, während es noch nichts einbringt, oder künstliche Trocknung durch Maschinen, also wiederum Geld. Schließlich, um das Sündenregister des Ziegels vollzumachen, ist er auch noch der Hauptschuldige daran, daß das Bauen in hohem Maße vom Wetter abhängt, und daß besonders während winterlicher Kälte neue Bauten nicht angefangen, angefangene nicht fortgeführt werden können — auch dies eine höchst unrationelle Verwendung der im Bauwesen arbeitenden Produktionsmittel der Volkswirtschaft.

Um Mißverständnissen vorzubeugen, soll hier gleich noch etwas über das mit dem Ziegel verbundene Schicksal des Maurers gesagt werden. Die heute so sehr beliebten Angriffe auf die angeblich viel zu hohen Löhne der Maurer haben mit den Betrachtungen dieses Kapitels nicht das Geringste zu tun. Zunächst einmal: dieses Geschrei ist in sich unwahrhaftig und in Anbetracht der vom Maurer verlangten Akkordarbeit ohne jede Berechtigung. Sodann aber: wird in naher Zukunft das Bauen tatsächlich in großem Umfang vom Ziegel auf andere Materialien, d. h. vom handwerksmäßigen Mauern auf das Montageverfahren mit ungelernten Arbeitern umgestellt, so wird selbstverständlich diese Umstellung, wie jede derartige technische Entwicklung, schwere Härten für die davon betroffenen Berufsangehörigen mit sich bringen. Das ändert jedoch nichts an der Tatsache, daß man der Wahrscheinlichkeit dieser Entwicklung ins Auge sehen muß, ja daß man sie im Interesse der allgemeinen Hebung der Produktion wünschen muß. Die Zeit der Maschinenstürmer ist vorbei. Eine sozialistische Gesellschaft wird derartige Umstellung des Produktionsapparates allerdings in anderer Form durchführen, als dies im Kapitalismus geschieht; aber sie wird sicherlich nicht auf sie verzichten.

Die anderen Baustoffe, die als Gegner des Ziegels heute auf dem Markt erscheinen, sind recht zahlreich. Der wichtigste unter ihnen ist der Zement in seinen verschiedenen Verwendungsformen als Beton, Eisenbeton, Gasbeton. Der Betonbau ist es vor allem, der der Bautechnik ganz neue Konstruktionsmöglichkeiten eröffnet hat. Als Eisenbeton oder in Verbindung mit Stahlgerüsten trägt er sich selbst auch in großen, horizontal liegenden Massen. Mit Beton kann man von einer tragenden Wand oder Stütze aus riesige Platten in die Luft hineinbauen, die als Balkons, Terrassen und dgl. dienen. Mit Beton kann man Hallen wölben in einer Höhe, Breite und Spannweite, wie es bisher nicht möglich war. Diese technischen Möglichkeiten haben denn auch den Baukünstlern unserer Zeit — zuerst in Frankreich, später in Amerika und Deutschland — Anregungen zu Formgestaltungen gegeben, die sich von aller Überlieferung freimachen. Im Bauvorgang hat der Beton, der in großen Massen mit industriellen Mitteln an Ort und Stelle in die nötige Form gegossen oder gespritzt wird, erheblichen Vorteil gegenüber dem Ziegel. Vor allem kann man mit ihm die notwendige Bauzeit auf etwa ein Zehntel gegenüber dem Ziegelbau abkürzen. Wie weit Beton witterungsbeständig, wärmehaltig und schallsicher ist, hängt von seiner technischen Qualität ab. Man erreicht z. B. heute ein außerordentliches Maß von Schallsicherheit und Wärmehaltung, indem man bei der Betonherstellung nach einem geheimen Verfahren bestimmte Chemikalien beimischt, die in der Masse ein Netz von kleinen, gasgefüllten Zellen schaffen. Dieser sog. Gasbeton, zu dessen Vervollkommnung besonders in Schweden viel getan worden ist, hat allerdings den Nachteil, noch ziemlich teuer zu sein.

Fast ebenso bedeutsam als Gegner des Ziegels sind Eisen und Stahl. Allerdings scheint der Gedanke, Häuser mit Stahlblechwänden zu bauen, von den deutschen Stahlindustriellen vorläufig wieder aufgegeben zu sein; man konnte die notwendige Rostfreiheit nur durch einen Zusatz von Kupfer erzielen, der so erheblich sein mußte, daß er die Kostenersparnis wieder aufhob. Dagegen wird der sog. Stahlskelettbau zweifellos noch eine große Zukunft haben.

Der Stahlskelettbau ist sozusagen das moderne Fachwerkhaus. Der alte Fachwerkbau bestand bekanntlich aus einem hölzernen Gerüst, dessen Zwischenräume mit Lehm ausgefüllt wurden. Er hatte große Vorteile, war billig und wärmehaltig, und bei gutem Holz und Deckanstrich konnte eine hohe Witterungsbeständigkeit erreicht werden. Der heutige Stahlskelettbau geht von dem Grundgedanken aus, daß als tragende Kraft eines jeden Gebäudes, auch des höchsten Wolkenkratzers, ein entsprechend konstruiertes Stahlgerüst ausreicht, und daß die Wände dann nur noch in Form von Platten in dieses Gerüst einzuhängen sind, also nicht mehr, wie bisher, selbst tragen. Der Bauvorgang wird dadurch zum größten Teil in die Fabriken verlegt, in denen die Stahlgerüstteile und die Füllungsplatten in Normalabmessungen und in Normalprofilen serienweise hergestellt werden. Auf der Baustelle selbst ist dann nur noch die Montagearbeit nötig, die sehr rasch, überwiegend mit angelernten Arbeitern und fast bei jeder Witterung nach vorher festgelegtem Plan vor sich gehen kann. Damit wird das Bauen aus seiner

Abb. 7: Wohnhaus an der Schorlemer Allee in Berlin-Dahlem, 1927.
Architekten Hans und Wassili Luckhardt und Alfons Anker.
„Tragendes Element: das Stahlgerüst; die Wand besteht aus eingehängten Platten, ist nur eine Haut, die nichts zu tragen hat.
Herstellung im Montage-Bau."

Abb. 8: „Dasselbe Haus in fertigem Zustand. Breite Fenster, Dachgarten."

Abhängigkeit vom Wetter befreit, es braucht nicht immer ein Saisongewerbe zu bleiben, es bleibt auch kein Handwerk mehr, es wird vielmehr eine Industrie, die technisch fast das ganze Jahr hindurch produzieren kann.

Die kritische technische Frage dieser Entwicklung ist die, ob der richtige Baustoff als Füllung gefunden wird. Dieser Baustoff darf des Transportes und der Montage wegen kein hohes Gewicht haben, es muß möglich sein, ihn in großen Abmessungen und beliebigen Formen herzustellen. Er muß wetterbeständig und schalldicht sein. Es scheint, daß man diese Platten, für die zahlreiche Versuche gemacht worden sind, am besten nicht aus einem einzigen Stoff, sondern aus verschiedenen Stoffen in einer Verbindung mehrerer Lagen herstellt. Die besten technischen Eigenschaften zeigen bisher Platten aus rheinischem Bimskies und aus Gasbeton; doch wird der Bimskies in Deutschland nur an einer Stelle gewonnen und kommt heute der Frachtkosten wegen schon für Berlin und für alle östlicheren Gebiete nicht in Frage. Der Gasbeton andererseits ist, wie gesagt, zur Zeit noch zu teuer.

Neben dieser Front gegen den Ziegel — Zement bzw. Beton, Stahl und Kunststeinplatten — sind noch einige andere Baustoffe zu erwähnen, die in ihrer Weise an der neueren Entwicklung teilhaben. Stark bevorzugt wird Glas. Einmal wegen seiner Lichtdurchlässigkeit, die dem gesteigerten Lichtbedürfnis des heutigen Menschen entgegenkommt, sodann weil es spiegelt und damit ein neues Element von Glanz und Schmuck darstellt. Holz wird vielfach bevorzugt für kleine Sommerhäuschen, doch hat es in seiner Verwendung für den Hallenbau nicht ohne Erfolg sogar den Konkurrenzkampf gegen Stahl aufgenommen, indem der Holzbau sich moderne Konstruktionsweisen, die man früher in Holz nicht ausführte, zu eigen gemacht hat. Die chemische Industrie schließlich arbeitet an einem Leichtziegel, hergestellt nach einem geheim gehaltenen Verfahren; daß er im Gewicht nur etwa ein Siebentel des normalen Mauersteines wiegt, kann zwar an Proben festgestellt werden, über seine sonstigen Eigenschaften, insbesondere über die Frage, wie er vermauert werden muß, ist jedoch noch kein Urteil möglich.

Im ganzen sind die technischen Ansätze zu einer großindustriellen Entwicklung des Bauwesens unverkennbar. Sie sind selbstverständlich durch den von der öffentlichen Hand durchgeführten Massenwohnungsbau auch wirtschaftlich stark gefördert worden; sie haben schließlich in der künstlerischen Formsprache der Gegenwart stärksten Einfluß gehabt. Die Richtung der weiteren Entwicklung ist im großen und ganzen klar, ihr Tempo aber heute noch nicht zu beurteilen.

Daß, zusammen mit den großen Aufträgen und mit der Entwicklung der Technik, auch die Unternehmungen des Baugewerbes teilweise zu sehr großem Umfang anwachsen und durch Kartellierung und Vertrustung in die Reihe der modernen Großunternehmungen andrer Branchen mit einrücken, versteht sich von selbst. In den letzten Jahren haben daneben die Baugilden Versuche der organisierten Arbeiter, sich genossenschaftliche Baubetriebe zu schaffen, steigende Bedeutung gewonnen. Den meisten Lesern wird die Baugildenbewegung bekannt sein; ihre Entwicklung ist am besten an Hand ihrer Zeitschrift „Soziale Bauwirtschaft" zu übersehen. Als ergänzender Faktor für die Beschaffung der Baukredite ist daneben ferner die Arbeiterbank (Bank der Arbeiter, Angestellten und Beamten) zu erwähnen. Ein ausführlicher Bericht über diese Bewegung würde über den Rahmen dieses Buches hinausgehen; die Stellungnahme dazu hängt davon ab, wie viel man sich überhaupt für die Arbeiterklasse von der allmählichen Durchdringung des Kapitalismus mit gemeinwirtschaftlichen Formen erwartet.

Der folgende Abschnitt „Tatsachen" bringt noch eine kurze Zusammenfassung über die gegenwärtige wirtschaftliche Entwicklung der wichtigsten Baustoffindustrien; wen er nicht interessiert, der mag ihn ruhig überschlagen.

Abb. 9: Stahlskelettbauten der Werkbundsiedlung Breslau, 1929.
Links unten das Modell des
(damals so genannten) Hochhauses von Adolf Rading.
Vgl. Abb. 18, S. 85.

Tatsachen

Zement

In der Zementindustrie wurden bis zum Jahre 1914 die Versuche zu Kartellbildungen in rascher Folge abgelöst durch „Zementkriege" von außerordentlicher Schärfe. Diese Kämpfe wurden regelmäßig nach schweren Verlusten beendet durch die Schaffung von Kartellen höherer Ordnung. Die Preiskonvention entwickelte sich zu Produktionskartellen und weiterhin zu Syndikaten mit Absatzkontingentierung, Gebietsbegrenzung und immer schärfer werdendem Organisationszwang. Die Kriegskrise brachte 1916 ein behördliches Verbot des Baues neuer Zementfabriken, das im November 1923 aufgehoben wurde. Ebenfalls 1916 gelang unter behördlichem Druck zum ersten Male der kartellmäßige Zusammenschluß vollständig und in der Form, in der er sich im wesentlichen bis heute gehalten hat. Sooft jedoch die Kartellverträge abliefen und erneuert werden mußten, entstanden scharfe Kämpfe um den satzungsmäßigen Anteil der einzelnen Großkonzerne an der Gesamtproduktion. In den Zwischenzeiten werden ständig scharfe Kämpfe gegen Außenseiterfabriken geführt. Da die Rohstoffquellen reichlich vorhanden und in Form von Landkäufen verhältnismäßig billig zu haben sind, außerdem der Bau neuer Fabriken kein allzu erhebliches Kapital verlangt, ist die Errichtung neuer Werke relativ leicht. Außerdem gewähren die hohen Preise, die das Kartell festsetzt und durch seine straffe Organisation auch durchführt, einen starken Anreiz dazu, außerhalb des Ringes zu fabrizieren und mit einer geringen Unterbietung des Syndikatspreises noch immer sehr gute Geschäfte zu machen. Die Syndikate ihrerseits wenden skrupellos alle denkbaren Mittel gegen solche Neugründungen an: Man macht die Banken gegen die Kreditgeber mobil, man kauft das umliegende Terrain auf, verhindert Gleisanschlüsse, setzt für das Absatzgebiet des Außenseiters Unterpreise fest, mit denen man ihn niederkonkurriert.

Im Juni 1929 mußte das Westdeutsche Zement-Syndikat berichten, daß es zwei größere Außenseiter auf diese Weise zum Konkurs bzw. zur Liquidation gebracht hat. Diese Produktions- und Preispolitik hat zur Folge, daß die Dividenden hochgehalten werden auf Kosten der Versorgung der Bauwirtschaft mit Zement, und auf Kosten der durchgreifenden Rationalisierung der Industrie. Denn die Preise sind so berechnet, daß auch ältere, unwirtschaftliche und teuer arbeitende Betriebe mit durchgeschleppt werden, angeblich weil sie zur Bedarfsdeckung in der Hochsaison nötig sind, und auf der anderen Seite wird, wie in der großen Wirtschaftsenquete des Reichs von einem Sachverständigen unwidersprochen behauptet wurde, die Produktionskapazität in Höhe von 400 000 Doppelwaggons (beim Westdeutschen Syndikat) nur mit etwa 150 000 Doppelwaggons jährlich, also mit 37,5 Prozent, ausgenutzt, davon entfällt außerdem noch ein Viertel bis ein Drittel auf den Export, bei dem man mit englischen, amerikanischen, belgischen usw. Preisen konkurrieren muß. Daher ist denn auch der deutsche Zementabsatz im Ausland in den letzten Jahren ständig zurückgegangen, sowohl absolut, wie im Vergleich zu den anderen exportierenden Ländern, wie schließlich im Verhältnis zum Weltbedarf.

Die Syndikats-Preis- und Absatzpolitik der Zementindustrie ist ein schlagendes Beispiel für das, was man „kapitalistische Planwirtschaft" nennt, d. h. für eine Politik, die völlig vom Gesichtspunkt der hohen und gesicherten Dividenden geleitet wird und darüber sowohl die Rationalisierung des Produktionsapparates, wie den Bedarf der Verbraucher vernachlässigt.

Ziegel

Die Ziegelindustrie ist eine ausgesprochen transportorientierte Industrie. Ihre Standorte verteilen sich entsprechend der Häufigkeit der Tonlager ziemlich gleichmäßig über das deutsche Reichsgebiet. Wirtschaftlich war die handwerksmäßig betriebene Ziegelindustrie in früherer Zeit weitgehend mit der landwirtschaftlichen Betätigung verknüpft. Unter dem Einfluß der Verstadtlichung der Bevölkerung und der damit sich steigernden Konzentration der Nachfrage haben sich auf guten Tonlagerstätten zwar größere Produktionszentren der Ziegelindustrie in der Nähe der Großstädte und der Industrieviere entwickelt. Soweit aber dort Stapelware hergestellt wurde, blieb infolge der hohen Transportkosten der Ziegelrohstoffe und der Ziegelfabrikate der Absatzkreis meist nur ein lokaler. Der Absatz selbst unterlag außerdem starken Schwankungen, die einerseits durch das Fluktuieren der Nachfrage, andererseits durch die Erschließung neuer und frachtlich günstiger gelegener Tonwerke veranlaßt wurden. Die Umwandlung des Ziegeleigewerbes in eine Industrie durch Einführung des Ringofens und der Dampfpresse gegen Ende des 19. Jahrhunderts und später der Trockenanlagen haben den Lieferradius der einzelnen Ziegeleien zwar etwas erweitert, aber die Bodenständigkeit der Ziegelindustrie als Ganzes, besonders bei den geringwertigen Massenprodukten, nicht aufgehoben.

Auch heute noch ist, trotz der Gründung von zahlreichen Verkaufsvereinigungen, die durchweg nur für ein beschränktes Gebiet wirksam sind und keine straffe Verbandsorganisation im modernen Sinne erreichen konnten, die Ziegelindustrie ein verhältnismäßig rückständiger Produktionszweig. Das große führende Finanzkapital steht im allgemeinen nicht hinter ihr, technische Neuerungen im Produktionsgang oder in der Gestaltung des Produktes selbst (Hohlziegel, Luftziegel, neue Formate) sind zwar vielfach angeregt worden, werden aber bei der großen Anzahl mittlerer und kleinerer, meist kapitalschwacher Betriebe nur langsam oder gar nicht aufgenommen. Der Konkurrenzkampf führt vielfach zu Überproduktionen; jedenfalls kann von irgendeiner planmäßigen Abstimmung zwischen Bedarfszahl und Produktionsumfang nicht die Rede sein. Niemals weiß man im August, mit welchen unverkauften Lagervorräten eine Ziegelei in die Winterpause hineingeht, und wenn im Frühjahr die Arbeit wieder aufgenommen wird, weiß man ebenso wenig, auf welchen Absatz man sich einrichten soll. Der Rückhalt für den Fortbestand der Ziegelindustrie liegt einmal in der Traditionsgebundenheit des mittleren und kleinen Baugewerbes, das nun einmal mit Ziegeln baut und sich nur schwer an andere neue Bauweisen gewöhnt, sodann vielfach in engen örtlichen Beziehungen zu öffentlichen und privaten Bauauftraggebern.

Stahl

Die Massenherstellung und Massenanwendung von Eisen und Stahl ist eines der bezeichnendsten Merkmale des industriellen Zeitalters. Der Ingenieurbau wird seit Jahrzehnten vom Eisen und Stahl, sei es allein, sei es in Form des Eisenbetons, beherrscht. Im Wohnungsbau ist die Stahlverwendung noch jüngeren Datums. In den Vereinigten Staaten wurden schon vor dem Kriege Wohnhäuser unter Verwendung von Stahlblech gebaut; maßgebend dafür war das Bedürfnis, neue Städte in raschestem Tempo fertigzustellen. So entstand dort das Stahlblechhaus auf Grund billigerer Transportkosten (die Stahlwand ist erheblich leichter als jede Steinwand), geringerer Herstellungszeit (montagefertige Platten anstelle des Mauerns mit dem langwierigen nachfolgenden Trocknungsprozeß) und geringerer Löhne (angelernte Arbeiter für Montage anstelle gelernter Maurer). In Deutschland wurde der Stahlhausbau erst in den letzten Jahren von der Stahlindustrie propagiert, die neue Absatzmärkte suchen mußte. Die zuerst betriebene Propaganda für Häuser mit Stahlblechwänden wurde im Laufe des Jahres 1929 abgelöst durch eine Werbung für den Stahlskelettbau, den übrigens die österreichische Stahlindustrie von Anfang an vorgezogen hatte.

Maßgebend für diesen Umschwung war wohl die Einsicht in gewisse technische und wirtschaftliche Mängel des Stahlblechbaues. Zunächst empfiehlt es sich anscheinend aus Gründen der Sicherheit nicht, Häuser mit Stahlblechwänden höher als zwei Stockwerke zu bauen. Sodann wurde in den Versuchssiedlungen, die mehrfach, namentlich im rheinisch-westfälischen Industriebezirk und in Schlesien, aus derartigen Stahlhäusern errichtet wurden, die Erfahrung gemacht, daß in dem Hohlraum, der aus Gründen der Wärmeisolierung zwischen der äußeren Stahlblechwand und der inneren Verkleidung bleiben muß, die Feuchtigkeit der Luft, sei es von innen oder von außen, sich in Schwitzwasser niederschlägt und damit die Wand durch Rost gefährdet. Ein Schutz hiergegen ist zwar möglich, besonders durch Verwendung von stark gekupfertem Stahl und sog. nicht rostendem Stahl, doch verteuert sich hierdurch die Herstellung vorläufig noch erheblich.

Dieser Nachteil ist beim Stahlskelettbau durch die Einbettung des Gerüstes in ein anderes Baumaterial leichter zu vermeiden. Vor allem aber ermöglicht der Stahlskelettbau die Errichtung vielstöckiger Häuser, ja die Stahlindustrie selbst behauptet, daß erst etwa vom vierten Stockwerk an die Verbilligung durch diese Bauweise voll wirksam wird. Baupolizeiliche Vorschriften stehen bisher der stärkeren Ausbreitung beider Arten des Stahlhausbaues noch sehr im Wege. Ferner muß die Frage, ob ein konkretes Bauprojekt als sichere Unterlage für hypothekarische Beleihung gelten kann, bis jetzt noch in jedem einzelnen Fall besonders geprüft werden. Und da ist es begreiflich, daß die Hypothekenbanken, Sparkassen und Versicherungsgesellschaften, überhaupt alle Kapitalisten, die größere Vermögenswerte in Hypothekenform auf alte Häuser ausgeliehen haben, nicht nur bei neuen Beleihungen sehr vorsichtig vorgehen, sondern überhaupt jedem Versuch, die durchschnittlichen Baukosten erheblich zu senken — und ein solcher Versuch wäre durch den Stahlhausbau an sich möglich —, sehr ablehnend gegenüberstehen; sie müssen ja von einem Erfolg solcher Versuche eine Entwertung der Häuser befürchten, auf die sie früher Geld ausgeliehen haben.

Die neue Propaganda der Stahlindustrie auf Errichtung von Hochhäusern mit Stahlskelettbau findet aber vor allem Schwierigkeiten in den Bestimmungen, durch die die zulässige Höhe von Neubauten begrenzt wird. Hier verknüpft sich das Problem der technischen Neugestaltung und Verbilligung des Wohnungsbaues mit dem Problem Einzelhaus oder Mietskaserne, sowie mit den Fragen des Städtebaues: von beiden wird noch weiterhin die Rede sein.

Planzeichnungen muß man lesen können

Manches in diesem Buch wird für den kaum verständlich sein. der eine Karte, einen Stadtplan, einen Grundriß nicht lesen kann, oder der sich nicht die Mühe nimmt, es zu tun. Das wäre schade, und deshalb sei hier ausdrücklich gesagt, daß man solche Planzeichnungen lesen können sollte, und es soll auch ein wenig begründet werden, warum. Es ist kein großes Kunststück, das damit verlangt wird. Sicher kostet es ein wenig Mühe und auch etwas Geduld, aber es lohnt sich reichlich.

Warum sind Planzeichnungen nötig und warum muß man sie lesen können? Aus dem einfachen Grunde, weil das Wichtigste, um das es sich in dieser Sache handelt, nur durch Wohnungsgrundrisse und Stadtpläne verständlich gemacht werden kann. Denn gerade das ist es ja, was die Bauweise von heute grundsätzlich auszeichnet, daß sie ausgeht von dem praktischen Verwendungszweck einer Wohnung oder eines Hauses, von dem inneren Leben einer Stadt, und daß sie es unbedingt vermeidet, sich vom äußeren Aussehen, von der Rücksicht auf die Fassade oder auf das „schöne Stadtbild" leiten zu lassen.

Damit soll zwar nicht gesagt werden, daß man in früheren Jahrhunderten immer nur mit Rücksicht auf die Fassade oder auf das schöne Stadtbild gebaut habe. Das ist natürlich nicht richtig, wenn es auch manchmal so dargestellt wird. Gewiß hat es Zeiten gegeben, die ihre Häuser und ihre Möbel mit einem ungeheuren Wust von Zieraten aller Art überladen haben und darüber den Gebrauchszweck oft vollkommen vernachlässigt haben; es hat auch andere Zeiten gegeben, in denen zwar nicht die Fülle der Verzierungen, aber jedenfalls die genaue Symmetrie der Außenwand als das wichtigste angesehen wurde, gleichfalls unter Vernachlässigung der inneren Räume und des Gebrauchszweckes. Aber die Bauweise der letzten 50 oder auch 80 Jahre, deren Erzeugnisse massenhaft um uns herumstehen, hatte noch mehr, als es früher jemals der

Fall war, den inneren Zweck zurückgesetzt und an seiner Stelle die äußere Form als das wichtigere behandelt: diese äußeren Formen waren dann noch nicht einmal selbst erfunden, sondern aus älteren Baustilen gestohlen und meistens durcheinander gemengt.

Und gerade dieses äußerliche Getue, das die Bauweise des aufsteigenden kapitalistischen Bürgertums kennzeichnet, gilt für die modernen Baumeister als der große Feind, den man bekämpfen muß. Man kann ihn aber nur bekämpfen, indem man sich über den Gebrauchszweck, die sog. Funktion, eines Hauses und seiner einzelnen Räume, über die Funktion einer Stadt und ihrer einzelnen Teile sorgfältig klar wird und auf Grund dieser Erkenntnis „von innen nach außen baut' (während man in den letzten Jahrzehnten von außen nach innen gebaut hatte).

Dieses Bestreben nach klarer Erkenntnis der Zwecke kann aber eben nur verstanden werden, wenn man Planzeichnungen lesen und verstehen kann, denn ohne solche Zeichnungen ist das, was damit gemeint ist, kaum klar zu machen.

Leider wird auf unseren Schulen die Fähigkeit, Planzeichnungen zu verstehen, viel zu wenig geübt. Man ist froh, wenn die Kinder zur Not eine Übersichtskarte von Europa, Deutschland und vielleicht von ihrer engeren Heimat halbwegs begriffen haben und wenn sie noch gar den Plan ihrer Vaterstadt einigermaßen kennen. Hier und dort gibt es einen vernünftigen Lehrer, der bei Ausflügen darauf sieht, daß Kinder sich nach der Karte der Gegend zurechtfinden können. Aber schon der Plan einer fremden Stadt kommt gewöhnlich nicht vor, und daß man von einer Wohnung, in der man täglich lebt, einen Grundriß sollte zeichnen können —, das haben wir wohl alle in der Schule nicht gehabt.

In den Vereinigten Staaten, in Schweden, Holland und einigen anderen Ländern wird übrigens das Zeichnen und Lesen von Plänen und Grundrissen in der Schule schon geübt.

Von innen nach außen

Es wurde schon gesagt, daß die modernen Architekten den wichtigsten Grundsatz ihrer Arbeit darin sehen, „von innen nach außen zu bauen". Was dies bedeutet und warum bisher seit Jahrzehnten anders, also von außen nach innen, gebaut wurde, lohnt eine nähere Betrachtung.
In einem späteren Abschnitt wird noch des näheren gezeigt werden, daß die Bourgeoisie des neuen Deutschen Reiches kulturell zunächst, mindestens bis zum Weltkriege, nicht so recht auf eigenen Füßen stand. Sie sah, entsprechend der Verteilung der politischen und wirtschaftlichen Machtverhältnisse, noch immer auf zur alten Feudalaristokratie der Junker, der Offiziers- und Beamtenkaste, mit scheuer Ehrfurcht und mit dem Nachahmungstrieb des sozial Tieferstehenden. Da ihr eigene kulturelle Produktivität fehlte, griff sie nach allen Zierformen früherer Kulturen und suchte sich damit äußerlich aufzuputzen. Das klassische Beispiel dafür sind alle die Villen, die den Stil der Raubritterburg oder des Renaissanceschlosses mehr oder weniger schlecht nachahmen.
Aber für die Wohnungen in den Massenquartieren kam auch noch etwas anderes in Betracht. Da der Wohnungsbau, besonders in der Zeit der starken Ausdehnung der neuen Industriestädte, im hohen Maße eine Sache der Spekulation wurde, geschah mit der Produktion von Wohnungen das gleiche wie mit der von fast allen anderen Gebrauchsgütern der Masse: für ihre Herstellung war nicht mehr der Gebrauchswert, sondern der Tauschwert maßgebend, sie wurden so billig als möglich und meist in recht schlechter Qualität hergestellt. Da sie aber auf der anderen Seite möglichst teuer verkauft werden sollten, mußten sie „nach etwas aussehen" und deshalb wurden alle die Verzierungen, Schnörkel, Dächlein, Pfeiler, Stuckornamente und sonstigen überflüssigen Dinge aufgeklebt. Die waren gewiß auch nicht ganz umsonst, aber das Haus wurde so doch noch etwas billiger, als wenn man es von Grund auf solide und gesund, unter guter Ausnutzung des Bodens, aber in einfachen Formen errichtet hätte.

Die Käufer solcher Häuser waren überwiegend Kleinbürger, die nun erst recht, mit scheuem Blick nach oben, die stille Verehrung feudaler Überlieferungen in sich trugen, und man muß wohl offen zugeben, daß diese Neigung, Lebensgewohnheiten einer sog. höheren Schicht äußerlich — entsprechend billiger — nachzuahmen, auch bis tief in die Kreise der eigentlichen Arbeiterschaft eingedrungen war und sich dort auch heute noch vielfach am Leben hält.

Wenn dies der Ursprung und Sinn des Bauens von außen nach innen war, so ist es auf den ersten Blick etwas auffällig, daß heute die Strömung, die von innen nach außen bauen will, schon so sehr stark ist. Denn wie man auch über die heutigen gesellschaftlichen Verhältnisse denken mag, und wie hoch man auch etwa die Macht der Gewerkschaften, den Stand der Sozialpolitik oder den parlamentarischen Einfluß des Sozialismus einschätzen mag — es kann doch sicher keine Rede davon sein, daß wir heute nicht mehr in einer kapitalistischen Wirtschaftsordnung lebten. Was hat sich also wesentlich in den Grundlagen verändert? Aus welchen wirtschaftlichen und gesellschaftlichen Voraussetzungen ist die moderne Tendenz im Bauwesen zu erklären? Hat diese Tendenz großbürgerlichen oder proletarischen Charakter? Von welchen Elementen wird sie getragen? Ist sie als Ausdruck einer neuen Phase des Kapitalismus oder als ein Voranleuchten einer sozialistischen Zukunft zu bewerten?

Abb. 10: Geschäftshaus an der Tauentzienstraße in Berlin, 1925.
Fassadenumbau von Hans und Wassili Luckhardt und Alfons Anker.
„Hinter den beleuchteten Schriftbändern verschwindet
die übrige Architektur."

Das Doppelgesicht der modernen Architektur

Es sei erlaubt, die Antwort auf die Fragen, mit denen der obige Abschnitt schloß, zunächst einmal vorweg zu nehmen und sie dann erst ausführlicher zu begründen. Das neue Bauen hat ein Doppelgesicht: es ist in der Tat beides, großbürgerlich und proletarisch, hochkapitalistisch und sozialistisch. Man kann sogar sagen: autokratisch und demokratisch. Allerdings, eines ist es nicht: es ist nicht mehr individualistisch.

Es soll zunächst versucht werden, dieses Doppelgesicht an einigen Beispielen anschaulich zu zeigen, wo man es ohne Schwierigkeiten von außen sehen kann. Man sehe hier einmal nacheinander unsere Abbildungen S. 66, 68, 69, 71, 72, 73, 75 an.

Wir wollen einmal annehmen, alle diese Gebäude wären von innen nach außen gebaut. (Von einigen ist es freilich zweifelhaft.) Von außen bieten sie jedenfalls alle ein Bild, das für modernes Bauen bezeichnend ist. Äußerer Schmuck ist auf ein Mindestmaß eingeschränkt oder fällt ganz fort. Soweit überhaupt ein schöner Eindruck gesucht wird, geschieht das hauptsächlich durch das abgewogene Verhältnis der einzelnen Bauteile zueinander und durch ihre Gliederung. Als Baustoff sieht man viel Beton, Glas, auch Metall, und man ahnt, daß innen vielfach Stahlgerüste verwandt sind. Oft, wenn auch nicht immer, ist auf irgend eine Weise die wagerechte Linie sehr stark herausgehoben. Betonung der senkrechten Linie ist weit seltener, das flache Dach herrscht vor. Die Wand ist überall klar zu sehen, z. T. geschlossen als Stein- oder Betonfläche, z. T. halboffen durch die starke Verwendung von Glas.

Gemeinsame Züge sind also nicht zu verkennen. Und doch muß wohl von einem Doppelgesicht gesprochen werden. Wenn es nicht ohne wei-

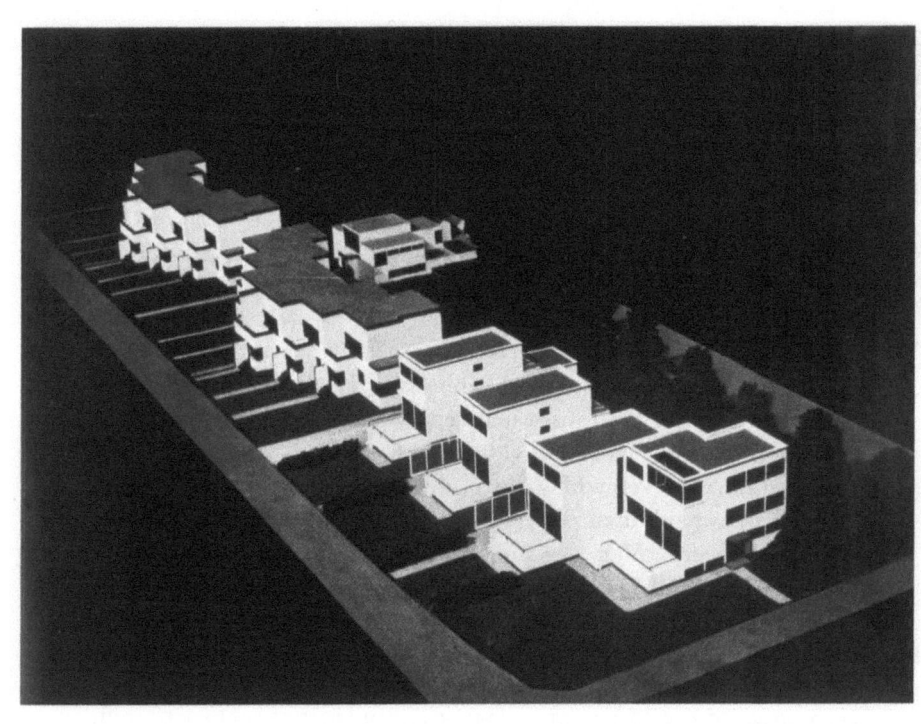

Abb. 11: Versuchshäuser an der Schorlemer Allee in Berlin, 1927.
Architekten Hans und Wassili Luckhardt und Alfons Anker.
„Die Verschiebungen sollen möglichst Isolierung der einzelnen Familien voneinander gewährleisten und zugleich das Gesamtbild beleben."

Abb. 12: Krankenhaus Waiblingen, 1928. Architekt Richard Döcker.
„Terrassenförmige Anlage. Sonne für den Kranken!
Das äußere Bild wird beherrscht von den breiten horizontalen Fensterbändern."

teres von außen zu erkennen ist, so deutet doch schon der Verwendungszweck der Gebäude darauf hin. Es sind unter unseren Bildern vertreten:
1. Sammelgebäude des hochkapitalistischen Handels. (S. 66.)
2. Wohnhäuser wohlhabender Großbürger.
3. Wohnhäuser für Mittelstand, Angestellte, gehobene Arbeiter — die Grenzen verwischen sich hier. (S. 68.)
4. Ein Gebäude der kommunalen Fürsorge. (S. 69.)
5. Arbeitsgebäude der freien Gewerkschaften. (S. 72, 73, 75.)

Wenn man also die beiden Tendenzen aus dem Zusammenklang der Bilder herausschälen will, so muß man nach der Zweckbestimmung die Bauten 1 und 2 zur hochkapitalistischen Tendenz rechnen, während man in den Bauten 3—5 überwiegend Vorläufer, Hinweise, Versuche zu einem zukünftigen sozialistischen Bauen sehen könnte. Bilder moderner Fabriken und Bürohäuser in Deutschland und Rußland sind bekannt und passen in das Gesamtbild.

Die Behauptung, daß man an diesen Beispielen das Doppelgesicht des neuen Bauens bequem schon von außen sehen könne, ist also nur soweit richtig, als man das kann, wenn man den Verwendungszweck und den Bauherrn weiß; die äußere Erscheinung allein zeigt so starke gemeinsame Züge, unabhängig vom Zweck und vom Bauherrn, daß man eher von einer Einheitlichkeit sprechen könnte. Aber ist nicht diese äußere Ähnlichkeit, ja Einheitlichkeit gerade um so auffallender, da sie zusammengeht mit ganz verschiedenen Zwecken und vor allem mit ganz verschiedenen Einstellungen der Besitzer und Bauherren? Ist nun diese Art zu bauen ein Stil des modernen Hochkapitalismus, den die nichtkapitalistischen und sozialistischen Bauherren einfach übernommen haben? Ist auch heute wieder — oder vielmehr heute immer noch — die breite Volksmasse in ihren kulturellen Bedürfnissen einfach darauf angewiesen, das nachzuahmen, was ihr die herrschende Klasse vormacht?

So kann es wohl nicht gut sein. Denn „nachgemacht" sehen die sozialistischen Bauten nicht aus, und sie sind auch keineswegs nach den kapitalistischen Bauten hergestellt, sondern dies alles ist in der gleichen kurzen Zeitspanne der Nachkriegsjahre entstanden, die Massensied-

Abb. 13: Ausstellungspavillon der Arbeiterpresse im Rheinpark Köln, 1928.
Architekt Hans Schuhmacher.
„Die eigentliche Baumasse ganz in der Querlinie angeordnet;
darüber strebt die Architektur der Inschrift
propagandistisch in die Höhe."

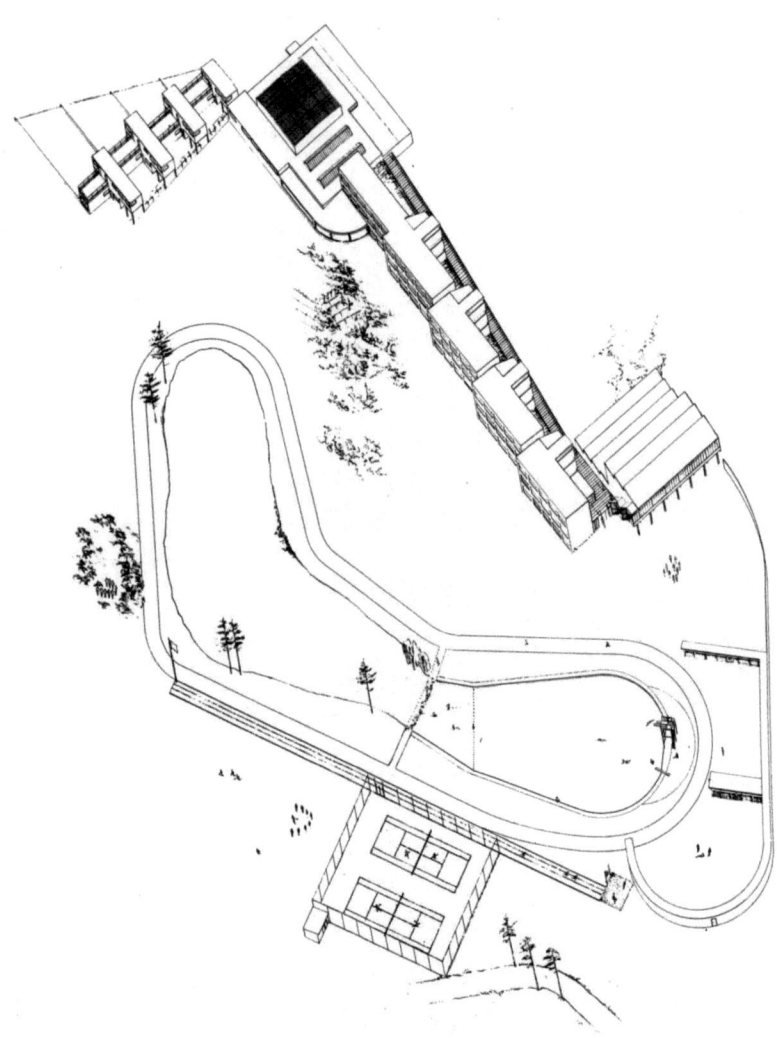

Abb. 14: Bundesschule des Allgemeinen Deutschen Gewerkschaftsbundes (A. D. G. B.) in Bernau bei Berlin, 1930. Architekt Hannes Meyer. Skizze aus der Vogelschau.

Abb 15: Bundesschule des A. D. G. B. in Bernau bei Berlin, 1930.
Architekt Hannes Meyer.
Rückfront der Wohntrakte; im Hintergrund die Schule.

lungen sind keineswegs wie ein schlechter Abklatsch der Fabriken anzusehen, und es haben die gleichen Architekten für die eine Gruppe von Bauten und Bauzwecken ebensogut gearbeitet wie für die andere.

Wir stehen also vor folgender merkwürdiger Tatsache: die moderne Bauweise ist in ihrer äußeren Erscheinung oder, wie man kürzer mit einem griechischen Fremdwort sagt: ästhetisch in hohem Maße einheitlich; sie hat aber, wie es scheint, sehr verschiedene soziale Wurzeln, wird von ganz entgegengesetzten sozialen Schichten getragen, und hat dementsprechend auch ganz verschiedene gesellschaftliche Ziele und Ausblicke. Dazu noch ein paar Belege: auf der kapitalistischen Seite sind es gerade die führenden Gruppen des Großkapitals, die vielfach die moderne Bauweise begünstigen; das zeigt, außer unseren Bildern, die Tatsache, daß der Farbenkonzern den Bau seines neuen Verwaltungsgebäudes in Frankfurt a. M. dem Berliner Professor Poelzig, einem anerkannten Führer der modernen Richtung, übertragen hat, daß ein anderer Führer dieser Richtung, Erich Mendelsohn, verschiedene Kaufhäuser gebaut, dem großkapitalistischen Verlag Mosse sein Haus mit einer neuen Fassade versehen und für den gleichen Verlag ein Buch über moderne amerikanische Bauweise geschrieben hat. Einer der älteren Männer des modernen Bauens, Professor Peter Behrens, ist seit langem der künstlerische Berater der AEG. Auch zu privaten Bauten, für die Landsitze und neuen Stadtvillen der Industriellen und Finanz-Großbourgeoisie sind vielfach ausgesprochen moderne Baukünstler geholt worden.

Man kann also jedenfalls nicht sagen, daß der Geschmack dieser Bauweise etwas ausgesprochen Sozialistisches wäre, denn wäre er das, so würden die führenden Kapitalisten sich wohl hüten, solche Bauten den Leuten vor die Nase zu setzen, und sie würden ihnen auch gar nicht gefallen.

Aber derselbe Mendelsohn z. B., über den wir eben gesprochen haben, hat auch für Sowjetrußland Fabriken gebaut. Und die Gehag, die die modernen Bauten in Zehlendorf bei Berlin errichten ließ, die Buchdruckergewerkschaft, die ihr Berliner Haus von Taut erbauen ließ, die Magdeburger Ortskrankenkasse, die ihr neues Verwaltungsgebäude ebenfalls

Abb. 16: Bundesschule des A. D. G. B. in Bernau bei Berlin, 1930.
Architekt Hannes Meyer.
Front der Wohntrakte gegen den See.

in ausgesprochen modernem Sinne in Auftrag gab — das sind doch sicher alles Arbeiterorganisationen, die in hohem Maße unter dem Einfluß sozialistischer Gedankengänge stehen, und die sicher diesen Stil für ihre Bauten nicht gewählt hätten, wenn sie befürchten müßten, daß ihnen die Bevorzugung eines hochkapitalistischen Geschmacks zum Vorwurf gemacht würde.

Zu alle dem kommt, daß das neue Bauen nirgend so viele und so erbitterte Feinde hat wie im Mittelstand und im Kleinbürgertum. Hier spricht man geradezu mit Wut von „Asphaltblüten der Großstadt", von „Zerstörung aller Tradition", von einem „Vernichtungskampf internationaler Mächte gegen die deutsche Seele", ja von „Bolschewikenkunst" oder „Kulturbolschewismus". Und die Architekten, deren Können zu gering ist, um mit der neuen Bewegung Schritt zu halten und wenigstens ihr etwas abzusehen, stoßen in dasselbe Horn, tun sich in „völkischen" Blocks zusammen und schreien auch über die bedrohte deutsche Seele, womit sie die lohnenden Aufträge meinen, die ihnen zu entgehen drohen.

Diese Erscheinung der haltlosen Wut aller Mittelstandskreise paßt ja nun sehr gut in das bisher gewonnene Bild, und ihre Aufregung verrät uns deutlich, daß die Auseinandersetzung über solche „Geschmacksfragen" keineswegs nur eine ästhetische Angelegenheit ist, sondern daß sie politische Hintergründe hat, ja daß sie, wie alle kulturellen Kämpfe, nur ein Ausdruck für politisch-wirtschaftliche Kämpfe ist. Wie überall, so fühlt sich auch auf dem Gebiet des Bauens der kleine selbständige Mittelstand, das Kleinbürgertum, eingeklemmt zwischen den Mühlsteinen der beiden großen Mächte, unter denen der entscheidende historische Kampf begonnen hat und zur endgültigen Auseinandersetzung drängt: Großkapital und Sozialismus.

Der ganze Zusammenhang der Entwicklung des neuen Bauens aus technischen, wirtschaftlichen und künstlerischen Elementen zeigt übrigens, um damit diesen Abschnitt zu schließen, aufs deutlichste die bekannte Reihenfolge:

1. Das erste revolutionäre Element ist die Technik. 2. Ihre Wirkung setzt sich in günstiger wirtschaftlicher Situation sehr rasch durch in der

Wirtschaft. 3. Sehr viel langsamer gewöhnen sich die Gedanken derjenigen Menschen, die beruflich mit der betreffenden Produktion zu tun haben, daran, nun auch in anderen Punkten, ohne zwingende wirtschaftliche Notwendigkeit, aus der neuen Technik und aus der durch sie revolutionierten Wirtschaft weitere Konsequenzen zu ziehen. 4. Noch viel langsamer geht die Umwandlung der Gedanken, der Wünsche, der Geschmacksrichtungen der breiten Masse der Verbraucher vor sich.

Einzelhaus oder Mietskaserne

Das Wohnbedürfnis ist nach Art und Grad sehr verschieden, je nach klimatischen Verhältnissen. Aber wir wollen hier an glückliche Südseeinseln nicht denken, wo der Mensch buchstäblich nur ein Dach über dem Kopf braucht und die Wände schon Luxus oder gar unerwünscht sind, wo fast das ganze Leben sich in der Öffentlichkeit abspielt und die Menschen nur ein geringes Bedürfnis haben, für sich allein zu sein. Wir wollen auch von Verhältnissen absehen, wie sie in den südeuropäischen Ländern bestehen, besonders in Italien, wo ebenfalls das Klima sehr dazu beiträgt, daß die Menschen wenig zu Hause und viel auf der Straße sind, wo vielfach Kaufläden und öffentliche Küchen fast das ganze Jahr nach der Straße zu völlig offen stehen, während man im Hause vor allem Schutz vor der Sonnenglut des Mittags sucht. Wir wollen vielmehr, was das Klima anlangt, mit der Lage in Deutschland rechnen; in den nord- und mitteleuropäischen Industrieländern ist sie ja überall ziemlich die gleiche.

Innerhalb der gleichen klimatischen Bedingungen ist dann aber das Wohnbedürfnis wiederum sehr verschieden gestaltet, und zwar je nach der Gegend auf Grund der gegenwärtigen Klassenverhältnisse und der geschichtlichen Überlieferung (d. h. der vergangenen Klassenverhältnisse); die Gewöhnung an gedrückte Einkommens- und Lebensverhältnisse läßt ja oft gar keine Klarheit darüber aufkommen, was alles man entbehrt und was man mit größerem Wohlstand anfangen würde. Schon innerhalb der Arbeiterklasse gibt es da außerordentliche Unterschiede: der Arbeiter östlicher Gebiete (Ungarn, Tschechoslowakei, Polen, auch noch Schlesien) läßt sich — wie übrigens auch das Kleinbürgertum der gleichen Gegenden — Wohnungen gefallen, die ein Berliner Arbeiter, selbst aus der gleichen Industrie und mit sonst gleichem Reallohn, als ein unmögliches Loch ansehen und niemals beziehen würde; die jetzigen Wohnungsnotverhältnisse zwingen zwar vielfach zu Ausnahmen, aber diese werden eben auch sehr stark als Ausnahmen, und zwar als für die Dauer unmöglich und unerträglich, empfunden. Das eigene Häuschen wiederum, das etwa dem gehobenen Facharbeiter der Bremer Gegend als selbstverständliches Ziel seines Strebens gilt, ist dem Proletarier Berlins und Mitteldeutschlands fremd. Dem Lodzer Textilarbeiter oder dem oberschlesischen Bergmann, soweit er nicht noch in ländlichen Verhältnissen wurzelt, würde es als Höhepunkt des bürgerlichen Wohlstandes erscheinen.

Gemeinsam ist doch aber allen Gruppen der westeuropäischen Arbeiterschaft in ihrem Wohnungsbedürfnis einiges, was sehr wichtig ist. Abgesehen von den Anforderungen, die sich aus dem Klima ergeben, ist das vor allem ein gewisses Bedürfnis nach der Möglichkeit, für sich zu sein, allein oder mit der Familie, Schutz vor der Außenwelt zu haben, nicht nur vor Regen und Kälte, sondern auch vor anderen Menschen, vor ihrem Anblick, ihren Gesprächen, ihrem Lärm. Kurz, das Bedürfnis, einen privaten Bezirk um sich zu haben, in den man fremdes nur hineinläßt, wenn es einem paßt.

Ob dieses Bedürfnis in einem Einfamilienhaus oder in der Wohnung innerhalb eines großen Miethauses besser befriedigt wird — diese Frage ist in solcher allgemeinen Form kaum zu beantworten. Es hängt von vielen technischen Einzelheiten ab. Beim Einfamilienhaus kommt z. B. in Betracht die Lage gegenüber den Nachbarhäusern, die Art der Abgrenzung gegen die Straße, die Schalldämpfung durch die Wände (wenn 2 oder mehr Häuser in der heute viel beliebten Form nebeneinander gebaut sind). Beim Miethaus ist ebenfalls die Schalldichtheit der Wände wichtig, daneben die Frage des gemeinsamen oder getrennten Einganges der einzelnen Wohnungen, die gleichmäßige Zuteilung der notwendigen Nebenräume u. dgl. m.

Dies alles sind jedoch Einzelfragen, die sowohl beim Einfamilienhaus, wie beim Miethaus, mehr oder weniger gut gelöst werden können. Die Frage, ob das eine oder das andere grundsätzlich zu bevorzugen ist, läßt sich auf diese Weise nicht beantworten. Hierfür muß man schon nach grundsätzlichen Überlegungen suchen, und da gibt es, wie die Praxis zeigt, zur Zeit zwei entscheidende Punkte: die Kostenfrage und die psychologische Frage.

Die Berechnung der Kosten einer Wohnung ist nun allerdings etwas sehr Kompliziertes; da wichtige Bestandteile, wie Bodenpreis, Straßenbaukosten, andere Anliegerbeiträge, Kosten des Materialtransportes nach den örtlichen Verhältnissen sehr verschieden sind, kann man heute kaum auf schematischem Wege zu bestimmten Zahlen gelangen, die sich für verschiedene Gegenden des Reiches untereinander vergleichen ließen. Aber wenn man diese wechselnden Teile der Gesamtkosten fortläßt, so muß man im übrigen feststellen, daß heute die Wohnung im Mietshaus etwas billiger herzustellen ist, als die gleich große Wohnung im Einfamilienhaus. Wie groß der Unterschied ist, ist wiederum schwer zu sagen, weil er aus verschiedenen Teilen mit verschiedenen Ursachen sich zusammensetzt. Einmal ist klar, daß die Herstellung einer großen Anzahl von Wohnungen auf einem Platz unter einheitlicher Leitung geringere Generalunkosten verursacht; nun können allerdings auch Einfamilienhäuser auf einem geschlossenen Gelände unter einheitlicher Leitung und also mit billigen Generalunkosten hergestellt werden, doch werden hier die Transportkosten im allgemeinen etwas größer sein. Sodann entsteht die Differenz zugunsten des Mietshauses aus technischen Ursachen: man braucht weniger Wandfläche und weniger Bedachung für den gleichen Raum von beispielshalber 20 Wohnungen, als wenn man 20 einzelne Häuser baut, und man kann andere Baustoffe, Baukonstruktionen und maschinelle Methoden mit Vorteil verwenden. Die Stahlindustrie behauptet z. B., daß bei der Anwendung von Stahlskelettbau für vier bis sechsstöckige Häuser gegenüber dem Bau von kleinen Häusern zu ein bis zwei Stockwerken etwa 20 bis 25 Prozent der Baukosten gespart werden können.

Nun ist allerdings die Bautechnik heute sicherlich noch nicht auf dem Höhepunkt ihrer Leistung angelangt. Es wird vielmehr auf allen ihren Teilgebieten von zahlreichen Kräften weitergearbeitet, und es gibt z. B. genau durchgearbeitete Pläne, nach denen eine gute Dreizimmerwohnung mit sehr praktischem Grundriß als Einfamilienhaus zu ebener Erde schon mit einem Kostenaufwand von etwa 6000 Mark ausgeführt werden könnte, während man bisher für solche Bauten etwa 10000 Mark pro Wohnung zu rechnen pflegt. Die Widerstände, die von den Interessenten und den Behörden aus die Verwirklichung solcher Pläne

Abb. 17: Wohnblock in der Weißenhofsiedlung des Deutschen Werkbundes, Stuttgart 1927. Architekt Peter Behrens. Straßenseite.
„Die äußere Geschlossenheit des Bildes ist hier mit Bewußtsein aufgegeben zugunsten des Versuchs,
für jede Wohnung günstigen Grundriß und gesonderten Balkon zu schaffen."

vielfach aufhalten, sind natürlich kein Beweis gegen die technische und wirtschaftliche Brauchbarkeit des Gedankens. Damit stellt sich heraus, daß die Kostenfrage in Wahrheit doch nicht so sehr grundsätzlichen Charakter hat, wie es zunächst scheint, sondern von der tatsächlichen Entwicklung der technischen und wirtschaftlichen Faktoren abhängig ist und im Laufe dieser Entwicklung sich wechselnd bald zugunsten des Mietshauses, bald zugunsten des Kleinhauses entscheiden kann.

Als grundsätzliches Problem bleibt mithin nur die psychologische Seite übrig. Es ist ganz sicher, daß eine Umfrage heute ergeben würde, daß weitaus der größte Teil der arbeitenden Familien in Deutschland vorziehen würde, in einem — eigenen oder gemieteten — kleinen Häuschen mit einem Garten als in einer Mietskaserne zu wohnen. Ebenso sicher ist aber, daß diese Richtung der Bedürfnisse nicht unbeeinflußt aus der seelischen Lage der Arbeiterschaft erwachsen ist. Vielmehr hat bald nach dem Kriege und der Revolution eine planmäßige Beeinflussung eingesetzt, die darauf gerichtet war, das Ideal des „eigenen" kleinen Häuschens und Gartens als eines der wichtigsten Ziele in die Herzen der Massen zu pflanzen. Man rief damit alle bürgerlichen Instinkte, die naturgemäß auch heute noch in der Arbeiterschaft vorhanden sind, wach und hoffte, so die revolutionierende Wirkung der Wohnungsnot umzubiegen in ein verstärktes Streben nach Privateigentum. Jeder Arbeiter sollte als letztes Ziel die Rückwandlung in den „freien Mann auf freier Scholle" vor sich sehen, sozusagen die Existenz als Miniaturvillenbesitzer oder als Miniaturgutsherr, der nur so nebenbei, halb zu seinem Vergnügen, ein wenig in der Fabrik arbeitet.

Einen gewissen Erfolg, das ist nicht abzuleugnen, hat diese Propaganda gehabt. Sie traf auf günstigen Boden, besonders bei den Arbeiterschichten, die noch selbst vom Lande in die Stadt gewandert waren oder die wenigstens von den Großeltern her noch die Lichtseiten ländlichen Eigenbesitzes kannten. Die ungeheuer rasche Ausbreitung der Schrebergartenbewegung nach dem Kriege ist zum Teil ein Zeugnis dafür, wie stark diese ländlichen Erinnerungen und Wünsche in der städtischen Arbeiterschaft noch sind. Zum Teil aber beweist diese Entwicklung aber etwas anderes: sieht man sie im Zusammenhang mit der modernen Bewegung für Körperkultur und Sport, so weiß man, daß hier nicht überall die Freude am eigenen ländlichen Privatbesitz die Haupttriebkraft ist, sondern vielfach das Bedürfnis, dem Leben in den geschlossenen Fabrikräumen und in der unzulänglichen Stadtwohnung ein Gegengewicht zu geben in der Tätigkeit in freier Luft. Die Erfüllung dieses Bedürfnisses ist ja aber keineswegs gebunden an bestimmte Besitz- und Wohnformen. Die Tendenz, die zu einer ungeheuren Kluft gewordenen Gegensätze zwischen Stadt und Land auch im Leben des Einzelnen, ja gerade zunächst im Leben des Einzelnen, durch eine Verbindung von städtischer und ländlicher Lebens- und Arbeitsweise auszugleichen, ist heute nur durch Notbehelf verwirklicht. Notbehelf ist der Schrebergarten, ist der heutige Sport, ist schließlich auch das Einfamilienhaus mit eigenem Garten in seiner jetzigen Form.

Erst die revolutionäre Auflösung des Gegensatzes zwischen Stadt und Land wird die Lebensformen erzeugen, die dem psychologischen Bedürfnis des Einzelnen nach einem Ausgleich gerecht werden können.

Der soziale Mensch und der Privatmensch

Aber ist denn nicht die private Sphäre nur ein geschichtliches Erzeugnis des Privateigentums, das mit der Geschichtsepoche des Privateigentums zugleich einmal verschwinden wird? Ist denn nicht die Privatwohnung des Einzelnen und seiner Familie eine soziale Erscheinungsform derjenigen Gesellschaft, die durch das Privateigentum gekennzeichnet ist, und also in einer sozialistischen Gesellschaft aller Voraussicht nicht zu erwarten?

Sind nicht die vier Wände immer ein Symbol der Vereinzelung, haben sie nicht noch immer etwas von der Burg an sich, in die der Raubritter sich zurückzieht, um vor seinen Feinden, den anderen Raubrittern und den ausgeraubten Pfeffersäcken, geschützt zu sein?

Ja und nein. Die Sache ist nicht so ganz einfach.

Gewiß könnte man sagen,

1. daß der moderne Sozialismus ja nur die Vergesellschaftung der Produktionsmittel will, nicht die Vergesellschaftung der Gebrauchsgüter, und

2. daß in einer kapitalistischen Gesellschaft die Menschen eben auch kapitalistische Neigungen und Instinkte haben, auch wenn sie in ihrem politischen Wollen noch so klare und klassenbewußte Sozialisten sind.

Das ist beides richtig. Aber noch einmal: die Sache ist nicht ganz so einfach.

Gewiß konzentriert der Sozialismus seinen politischen und wirtschaftlichen Kampf auf das eine Ziel: die Produktionsmittel aus dem Privateigentum fortzunehmen und sie zu gesellschaftlichem Eigentum zu machen. Er konzentriert sich hierauf, weil die Eroberung der Verfügungsgewalt über die Produktionsmittel nicht nur der geschichtlich notwendige Schritt, sondern auch weil sie der starke ökonomische Hebel ist, mit dem das ganze Gebäude kapitalistischer Lebensgewohnheiten und Herrschaftsideologien aus den Fugen gehoben werden kann.

Abb. 18: Fünfgeschossiges Haus („Hochhaus") mit Mietwohnungen
in der Werkbundsiedlung Breslau, 1929.
Architekt Adolf Rading.
„Zwei Wohnflügel, zusammengehalten
durch ein Treppenhaus mit Glaswand, oben halb abgeteilte Dachgärten."

Daß die Lebensgewohnheiten und die Bedürfnisse, die der Kapitalismus hervorgerufen und denen er ihre heutige Form und Richtung gegeben hat, in einer sozialistischen Gesellschaft sich ändern werden, ist ganz sicher. Der Kapitalismus mit seinem Kampf aller gegen alle hat den Einzelmenschen in eine ungeheure innere Vereinsamung gejagt. Er hat dafür gesorgt, daß die Menschen einander nach der Höhe ihres Geldeinkommens einschätzen, er hetzt ständig jeden Einzelnen zu Konkurrenzgefühlen gegen alle anderen auf, er zwingt die Menschen, angesichts der Unsicherheit aller Lebensverhältnisse, die er geschaffen hat, an ihr Privateigentum ständig mit Furcht zu denken und es mit Zähnen und Klauen zu verteidigen. Auf dieser Grundlage entsteht ein Gefühl für die Notwendigkeit eines abgeschlossenen privaten Bezirks, einer gesicherten Insel im tobenden Meer des Lebenskampfes, wie es in dieser Stärke sicher nicht unveränderliches allgemein-menschliches Bedürfnis, sondern eben typisches Bedürfnis einer kapitalistischen Geschichtsepoche ist.

So ist einmal ein innerer psychologischer Zusammenhang gegeben zwischen der kapitalistischen Gesellschaftsordnung und der Gestaltung der Wohnbedürfnisse, ein Zusammenhang, von dem im einzelnen noch die Rede sein wird. Daß in einer sozialistischen Gesellschaft, schon allein durch die Vergesellschaftung der Produktionsmittel, sich allmählich auch eine Umwandlung der Wohnbedürfnisse von der seelischen Seite aus durchsetzen wird, steht wohl außer Zweifel. Und damit ist auch klar, daß die Vergesellschaftung der Produktionsmittel auch auf die Art und Richtung des Verbrauchs und auf die Gestaltung der Verbrauchsgüter, wie z. B. der Wohnung, tiefgreifende Wirkungen ausüben wird.

Die Grenze zwischen Produktionsmitteln und Verbrauchsgütern ist eben keine absolute, sondern sie ist, wie jede begriffliche Grenze in gesellschaftlichen Fragen, nur dialektisch zu verstehen. Neben dem eben gezeigten psychologischen Zusammenhang, der diese Grenze überbrückt, läuft ein rein wirtschaftlicher: die Verbrauchsgüter dienen im wirtschaftlichen Kreislauf der Erhaltung und Reproduktion der Arbeitskraft. Gerade das Wohnen und alles, was mit ihm zusammenhängt — Haushalt, Ernährung, Pflege der Kleidung, Ruhe, Kinderaufzucht —, ist deutlich ein Mittel zu diesem Zweck. Und damit ist für eine sozialistische Wirtschaftsordnung die Notwendigkeit gegeben, ihre Grundsätze der Planmäßigkeit, der gesellschaftlichen Ordnung, der Einstellung auf den Menschen auch auf dieses Lebensgebiet auszudehnen. Es schließt sich direkt und aufs engste der Vergesellschaftung der Produktionsmittel an.

Familie und Familienwohnung

Primitive Völker in der Urhorde leben ganz anders gemeinsam als wir es uns heute vorstellen können. Wo noch kein Privateigentum an Produktionsmitteln besteht, hat jedes Mitglied des Stammes ein überwiegendes Interesse daran, sich dauernd in enger Gemeinschaft mit den anderen Stammesgenossen zu halten. Da auch das Produkt, die Jagdbeute, die Weide, das Vieh, allen gemeinsam gehört, kann niemand auf den Gedanken verfallen, sich gerade an einen bestimmten einzelnen Menschen der Stammesgemeinschaft zu halten und mit ihm ein Verhältnis ausschließlicher gegenseitiger Abhängigkeit einzugehen.

Wir wissen heute, daß dieses Bild der im Urkommunismus lebenden Horde eine geschichtliche Hilfskonstruktion ist; das soll nicht etwa heißen, daß es etwas derartiges niemals gegeben habe, sondern es heißt nur, daß wir bei keinem der primitiven Völker, die wir noch mit den Hilfsmitteln der Wissenschaft studieren können, in der Lage wären, solche Verhältnisse des Urkommunismus in reinem und ungetrübtem Zustande zu beobachten.

Dagegen können wir allerdings in zahlreichen Fällen, in Australien, Polynesien, Südamerika und Afrika, Verhältnisse feststellen, die einem solchen Urkommunismus noch sehr nahestehen, in denen das Privateigentum mit den aus ihm folgenden Unterdrückungsverhältnissen schon zu wirken begonnen hat — meistens ist es zunächst einmal die Frau, die versklavt wird —, in denen aber lebensnotwendige Teile der Produktion noch in primitiv-kommunistischem Sinn betrieben werden.

Soweit wir solche Verhältnisse noch näher beobachten können — meist werden sie durch die moderne Zivilisation mit ungeheurer Geschwindigkeit zerstört —, dort finden wir, daß die private Sphäre des Einzelnen oder der Familie fast gar keine Rolle spielt. Man lebt im allgemeinen innerhalb einer Siedlung stündlich aufs engste zusammen. Dies drückt sich auch in den Bauten aus. Am bezeichnendsten

Abb. 19: Waldsiedlung „Onkel-Toms-Hütte" in Berlin-Zehlendorf, Straßenecke mit Läden, 1926-27. Architekt Bruno Taut.

dafür sind die gemeinsamen großen Schlafhäuser bei den meisten Stämmen der Südseeinseln. Diese Schlafhäuser sind, abgesehen von besonderen Festen, nach Geschlechtern getrennt und sind im allgemeinen den unverheirateten Männern bzw. Mädchen vorbehalten. Aber auch die Verheirateten kehren aus ihren in der Nähe gelegenen leichten Hütten fast immer wieder von Zeit zu Zeit ins gemeinsame Schlafhaus zurück, und andererseits dienen diese großen Hallen zu bestimmten Festen als Ort gemeinsamer Sexualfeier.

Die starken sozialen Bindungen bei solchen primitiven Völkern sind überhaupt anderen Charakters als die uns gewohnte Bindung der Kleinfamilie (Eltern und Kinder) innerhalb ihrer vier Wände. Es sind einmal Bindungen der Großfamilie (gesamter Verwandtschaftskreis), sodann solche des Totems und drittens solche der Geschlechter- und Altersgruppen. Ohne auf diese völkerkundlichen Einzelheiten hier näher einzugehen, sei nur folgendes für unseren Gedankengang Wichtiges gesagt: die Großfamilie bei primitiven Völkern lebt nicht etwa zusammen (wie es die sog. Zadruga bei südslawischen Bauernvölkern tut, Großeltern, Kinder, Schwiegersöhne, Schwiegertöchter und Kindeskinder möglichst unter einem Dach), sondern sie hat nur den Sinn, Ehen zwischen Verwandten, die für ungünstig und deshalb als religiös verboten gelten, zu verhindern. Daher vor allem bei australischen Stämmen eine unglaublich genaue Festlegung der verschiedenen Verwandtschaftsbeziehungen mit ganz bestimmten Eheverboten. Da man aber nicht zusammen lebt, so fehlt auch der gemeinsame bauliche Ausdruck dieser Art von Großfamilie. Das gleiche gilt für die sog. Totemgemeinschaft, die religiöse oder magische Zusammengehörigkeit ohne Rücksicht auf die Blutsverwandtschaft, die von den primitiven Völkern in der Regel unter dem Bilde der gemeinsamen Verwandtschaft mit irgendeinem Tier begriffen wird und wahrscheinlich kriegerische und politische Bedeutung besitzt. Die Angehörigen desselben Totems haben zwar ein gemeinsames Schmuckzeichen, aber sie leben ebenfalls nicht zusammen und haben deshalb auch keine gemeinsamen Bauten.

Ein baulicher Ausdruck der sozialen Zusammengehörigkeit findet sich dagegen teilweise bei den Männer- und Frauenbünden, die wohl überwiegend der gemeinsamen Erziehung der jüngeren Generation dienen. Es handelt sich daher hier auch durchweg um Gemeinschaftsbauten, große tempelähnliche Hallen, die nur darum in der Baugeschichte bisher wenig beachtet worden sind, weil sie entsprechend den Verhältnissen tropischer und subtropischer Gegenden mit einfachsten Mitteln und Methoden gebaut und keineswegs auf Dauer berechnet sind.

Kehren wir nach dieser Abschweifung zurück, so tun wir gut, zunächst noch einmal festzustellen: überall in der Geschichte, wo das Privateigentum an Produktionsmitteln das Feld beherrscht, da bringt es auch in irgend einer Form, monogam und polygam, die Familie mit sich und damit den Wohnungsbau, die vier Wände der Familienwohnung. Der Schluß liegt nahe, daß in einer sozialistischen Gesellschaft, die die Überreste des Privateigentums an Produktionsmitteln in seiner letzten, höchst entwickelten Form, in der Form des Kapitalismus beseitigt hat, auch die Familie und die Privatwohnung verschwinden werden.

Eine solche Vorstellung mag manchem erschreckend und zu weitgehend erscheinen. Wahrscheinlich aber kann man nur zweierlei gegen sie einwenden: daß sie rein abstrakt, d. h. also nur gedankenmäßig ist, und wir uns im einzelnen heute nicht vorstellen können, wie eine solche Gesellschaft in Wirklichkeit aussehen würde, und zweitens, daß es eben deshalb wichtiger wäre, die heutigen Verhältnisse genau zu beobachten und an ihnen festzustellen, welche Entwicklungstendenzen heute bemerkbar sind.

Zwischenstufen

Bevor wir aber diese heutigen, von der Familienwohnung abweichenden Entwicklungstendenzen näher betrachten, mag es nützlich sein, sich noch an einige Formen von Wohnbauten zu erinnern, die es auch in früheren Jahrhunderten, mitten in der feudalen und in der vorbürgerlichen Privatwirtschaft und sogar mitten im Kapitalismus gegeben hat, die es auch heute noch gibt und die doch von der normalen Familienwohnung abweichen. Wohnformen also, die beweisen, daß es auch anders geht. Wir meinen die Kaserne, das Kloster und das Erziehungsinternat.

Alle drei Formen haben sich innerhalb der zivilisierten und privatkapitalistischen Gesellschaft jahrhundertelang erhalten. Ihre gemeinsame Voraussetzung ist, daß es für sie, in ihrem Bereich, kein Privateigentum an Produktionsmitteln gibt. Die Insassen der Kasernen werden aus der allgemeinen Produktion der Gesellschaft erhalten, indem der Staat von dem Ertrage dieser Produktion einen Teil fortnimmt und ihn dem Heer zum Verbrauch überläßt. Die Insassen des Klosters leben in der Regel ebenfalls von dem Produktionsertrag der Gesellschaft, von dem ihnen ein Teil gutwillig zur Verfügung gestellt wird; sofern sie sich durch eigene Privatarbeit ganz oder zum Teil selbst erhalten, ist diese Arbeit jedenfalls nicht nach den Grundregeln des Privateigentums an Produktionsmitteln organisiert. Das Schulinternat schließlich erhält sich durch die Kostenbeiträge der Eltern und zum Teil durch Zuschüsse aus öffentlichen und privaten Kassen.

Alle diese Formen sind zugleich Beispiele eines Wohnens in der größeren, nicht blutsverwandten Gemeinschaft. Die Familie spielt dort, wo sie überhaupt zugelassen ist, also in Kaserne und Internat, nur die Rolle des Geduldeten, und niemand wird übersehen, wie komisch und unangebracht die Wohnung des verheirateten Feldwebels innerhalb der Kaserne, mit Gardinen und Blumen an den Fenstern, wirkt. Die Existenz des Klosters setzt ferner voraus, daß es innerhalb dieses Rahmens das andere Geschlecht überhaupt nicht gibt.

Wie sind nun solche Gemeinschaftswohnungen in sich organisiert? In der Kaserne gibt es für den gemeinen Mann grundsätzlich keine private Sphäre, keinen Einzelraum: man ißt, man arbeitet, man schläft zu mehreren in einem Raum, und auch für die Mußestunden, soweit sie in der Kaserne verbracht werden, sind nur größere oder kleine Gemeinschaftsräume vorhanden. Unteroffiziere und Feldwebel können sich in einem Einzelzimmer oder auch in einer Familienwohnung isolieren, bleiben aber immer innerhalb der Kaserne, sind jederzeit erreichbar und auch in ihrem Privatleben im hohen Maße kontrollierbar. Darin drückt sich ein Stück sozialer Disziplin aus, freilich einer Disziplin, die in militärischem Sinne von oben geordnet und befohlen ist. Von den Offizieren leben nur die untersten Grade und auch sie nur vorübergehend für kurze Zeiten in der Kaserne, grundsätzlich ist jedem Offizier die Privatwohnung und damit ein isolierter und kaum noch kontrollierter Bereich persönlichen Lebens zugestanden. Diese kastenmäßige Absonderung des Offizierskorps von der Truppe drückt sich ferner in den gesonderten gemeinsamen Speise- und Erholungsräumen aus: Kasino gegen Kantine. Immerhin existieren solche Räume in jeder Kaserne und sind der bauliche Ausdruck für eine soziale Gemeinschaft, die sich allerdings auf Essen und Geselligkeit beschränkt.

Das Kloster ist anders geordnet: hier hat in der Regel jeder Mönch, jede Nonne einen Raum für sich. Doch ist dieser Raum nur eine Zelle, also ein einzelnes kleines Zimmer als Schlaf- und Aufenthaltsraum. Zelle neben Zelle an einem Korridor gelegen. Ein erheblicher Teil des Tages, je nach den Ordensregeln allerdings sehr verschieden, wird in gemeinsamen Räumen verbracht, in der Klosterkapelle, im gemeinsamen Speisesaal, im Sitzungs- und Beratungssaal. Soweit gearbeitet wird, richten sich die Räume naturgemäß nach den sachlichen Arbeitsbedingungen: es gibt in den Klöstern Handwerksstätten der verschiedensten Art, Bibliotheken, naturwissenschaftliche Laboratorien usw. Die Mahlzeiten werden in der Gemeinschaftsküche gekocht und in der Regel auch gemeinsam eingenommen.

Die dritte Zwischenstufe endlich, das Internat, ist in sehr verschiedenen Formen ausgebildet. Gemeinsam ist allen, daß die untere Schicht, hier also die jüngeren Kinder, zu mehreren in großen Schlafsälen schlafen, daß in großen Gruppen, meist in der Gesamtheit der Lehrer und Schüler, gemeinsam gegessen wird. Lehrer und meist auch ältere Schüler haben ihre Privatzimmer, die freilich in der Regel nur mit Mühe vor dem Durchstrom zahlloser Besucher geschützt werden können. Es ist eine vielfach bestätigte Erfahrung, daß das Leben in einem Internat für die Nerven älterer Menschen meist sehr anstrengend ist, und daß nur wenige auf die Dauer sich wohl fühlen und leistungsfähig bleiben. Unter den Menschen, die für eine solche Arbeit überhaupt in Frage kommen — fast immer Kopfarbeiter — finden sich eben nur sehr wenige, die es auf die Dauer aushalten, daß der Bereich ihres Privatlebens so schmal und so wenig geschützt ist.

Die Familie vollends spielt im Internat eine merkwürdige Rolle. Man spürt immer, daß zwischen ihr, die sich abschließen und in einem engen Kreis bleiben möchte, und dem flutenden, oft recht rücksichtslosen Gemeinschaftsleben um sie herum eine nervöse, ja feindliche Spannung ist. Der Mann „gehört" noch viel weniger seiner Frau und seinen Kindern, als dies in einem normalen städtischen Beruf der Fall ist, die Kinder „gehören" nur solange der Mutter, bis sie Anschluß unter den gleichaltrigen Schülern finden, die Frau schließlich „gehört" geschlechtlich zwar ihrem Mann, im übrigen aber entweder, wenn sie Lehrerin ist, ebenfalls der ganzen Schule, oder im andern Falle nur sich selbst und wirkt dann immer etwas wie ein Fremdkörper.

*

Die Betrachtung dieser Zwischenstufen sollte uns zu denken geben. Was sie bedeuten, wird wohl allerdings erst dann klar werden, wenn wir uns im übrigen die heutigen Verhältnisse kritisch ansehen. Kaserne, Kloster und Internat sind immerhin zu bestimmten Zwecken und auf Grund bestimmter sozialer Programme und Ideologien errichtet. Was aber geschieht im praktischen Alltagsleben der breiten Masse, das sich weniger nach einem Programm als nach wirtschaftlichen und sozialen Notwendigkeiten richtet?

Schon das Kommunistische Manifest stellt gegenüber dem Vorwurf, daß die Kommunisten die Familie zerstören wollen, fest, daß schon das kapitalistische Wirtschaftssystem selbst die Familie auflöse. Kein Zweifel, daß die Familie eine außerordentlich widerstandsfähige Einrichtung ist, die durch tausend Denk- und Lebensgewohnheiten, durch eine viele Jahrhunderte alte Überlieferung, durch zahllose Rechtsbedingungen und auch immer noch durch sehr viele wirtschaftliche Tatsachen gestützt wird. Trotzdem kann heute nur festgestellt werden, daß Marx und Engels schon im Kommunistischen Manifest grundsätzlich richtig geurteilt haben. Man braucht dabei nicht an die sexuelle Seite der heutigen Ehekrisis und überhaupt nicht an die Änderung der Gewohnheiten und Entscheidungen in sexuellen Dingen zu denken, deren neuere Entwicklung ja allerdings sehr deutlich ist. Es genügt vielmehr, sich einfachere, weniger von Gefühlen betonte und weniger umstrittene Tatsachen vor Augen zu halten.

Tatsache ist z. B.,

daß die Zahl der Mahlzeiten, die in der Familiengemeinschaft eingenommen werden, allmählich zurückgeht,

daß dagegen die Zahl der Mahlzeiten, die in Kantinen von Fabriken, großen Büros, Warenhäusern, in den Arbeitspausen eingenommen werden, ständig wächst,

daß ferner die Zahl der Kinder, die mindestens einmal im Tage eine Schulspeisung erhalten, ebenso ständig wächst,

daß die Zahl der Stunden, die von Müttern (oder gar von Vätern!) für die Beaufsichtigung ihrer Kinder, für das Spielen und Arbeiten mit ihnen, aufgewandt wird, sicherlich immer geringer wird,

daß auf der anderen Seite die Zahl der Säuglingsheime, Kindergärten, Tages- und Waldschulen, allmählich zunimmt und weit rascher zunehmen müßte und würde, wenn die notwendigen Mittel dafür bereitgestellt würden,

daß vor allem in Amerika, dessen größerer durchschnittlicher Wohlstand diese Entwicklung fördert, die eigene Wohnung in wachsendem Maße nur noch als gemeinsamer Schlafraum angesehen und infolgedessen räumlich klein gehalten wird, während man auch gemeinsame Mahlzeiten und alle Erholungszeit außerhalb des Hauses verbringt,

daß in starkem Maße ebenfalls in Amerika, aber jetzt auch schon in Deutschland, ein wachsendes Bedürfnis nach Wohnhäusern in Form des „Boarding"-Hauses hervortritt, d. h. eines Hauses, in dem eine

Abb. 20: Reihenhäuser in der Weißenhofsiedlung des Deutschen Werkbundes, Stuttgart 1927.
Architekt Mart Stam.
Blick auf die Eingangsseite.

große Zahl von kleinen (Ein- und Zweizimmer-)Wohnungen mit einfacher Kochgelegenheit kombiniert ist mit einer gemeinsamen Küche für die großen Mahlzeiten, mit gemeinsamen Speiseräumen, gemeinsamer Waschküche, und ausgestattet mit allen modernen arbeitssparenden Einrichtungen, insbesondere für die Reinigung. Mit Absicht sind hier solche Anzeichen der Entwicklung ausgewählt, die sich hauptsächlich auf das Essen beziehen. Welches sind denn die materiellen Grundlagen der gegenwärtig bestehenden Form des Familienlebens und damit auch der Formen des Wohnungsbaues? Wir wollen dabei von den seelischen Faktoren einmal ganz absehen. Nicht, als ob sie nicht auch materiell wären, denn sie existieren und wirken zu ihrem Teil mit. Aber das Leben um uns zeigt uns gerade heute täglich, wie sehr sie wandelbar sind und wie sehr sie gerade jetzt fragwürdig geworden sind. Um also von den im groben Sinne materiellen Faktoren zu sprechen, so ist die städtische Familie vor allem eins nicht mehr, was sie noch bis vor etwa hundert Jahren war: sie ist keine Produktionsgemeinschaft mehr.

Es wird im Hause weder gesponnen, noch gewoben, es werden weder Lichte gezogen, noch Seife gekocht. Der Grünkramladen, den Mann und Frau gemeinsam führen, ist als gesellschaftliche Erscheinung belanglos und kein Gegenbeweis. Die ländliche Familie ist vielfach — nicht immer — noch eine Produktionsgemeinschaft, indem sie eine Organisation zur Durchführung der landwirtschaftlichen Produktion darstellt. Aber auch diese Bauernfamilien, ebenso wie etwa die Heimarbeiterfamilien, sind fortbestehende Reste älterer Wirtschaftsepochen und für die Gegenwart nicht bezeichnend.

In der Gegenwart ist die normale Familie vielmehr, wirtschaftlich betrachtet, nur eine Konsumtionsgemeinschaft, d. h. eine Organisation zur Regelung des Verbrauchs und damit zur Wiederherstellung der verausgabten Arbeitskraft. Die Lobredner der „guten alten Zeit" finden bekanntlich, daß „die Frau in die Küche gehört". Damit ist ein sehr wesentlicher Teil des wirtschaftlichen Sinnes der bürgerlichen Familie getroffen. Wenn die Frau in die Küche gehört, d. h. den Ernährungsfonds der Familie verwalten, Nahrungsmittel einkaufen und herrichten soll, so gehören entsprechend der Mann und die Kinder an den Familieneßtisch. Dieser Teil der Frauentätigkeit wird nicht nur dann erschwert, wenn die Frau mitverdienen muß, sondern er verliert auch seinen Sinn, wenn der Mann eine tägliche Hauptmahlzeit in der Kantine einnimmt, wenn er, wie es häufig vorkommt, die Woche über auswärts arbeitet und nur über Sonntag zu Hause ist, wenn die Kinder Schulspeisung bekommen.

Übrigens hat auch die Hausfrau alten Stils keineswegs den ganzen Tag in der Küche zu tun. Zu ihrer Aufgabe, die Konsumtionswirtschaft zu regeln, gehört noch vieles andere. Sie besorgt Kleidung für sich und die Kinder, und da man nicht immer neu einkaufen kann, hat sie viel zu tun mit Nähen und Flicken. Sie sorgt für die Reinlichkeit in der Wäsche und in den Wohnräumen, sie heizt, sie beaufsichtigt die Kinder. Doch von den Kindern später. Mit allen diesen Dingen kann sich eine Hausfrau alten Stils auch in einer Wohnung von drei oder vier Zimmern schon den ganzen Tag zu tun machen, wenn möglich noch mit einem Dienstmädchen zusammen.

In diese Überlieferung hat der moderne Kapitalismus bereits gewaltige Breschen geschlagen, und durch den Krieg und seine Nachwirkungen ist die Entwicklung noch sehr beschleunigt.

Der Angriff geht von zwei Seiten aus; wenn man Amerika mit in Betracht zieht, kommt sogar noch ein dritter Faktor hinzu.

In den europäischen Industrieländern, am stärksten vielleicht in Deutschland, dann auch in England — Frankreich und Italien haben eine widerstandsfähigere Überlieferung — sind die Frauen der Arbeiterklasse, des Kleinbürgertums und vielfach auch die der oberen bürgerlichen Schichten in enormem Umfange in die Berufsarbeit hineingezogen worden. Zum Teil geschah dies, weil das Kapital den Vorteil der billigeren Arbeitskraft in Fabrik, Büro, Kaufhaus schätzen lernte, zum Teil, weil auf der andern Seite der wirtschaftliche Druck auf die Löhne der Männer und die stets drohende Arbeitslosigkeit den zusätzlichen Verdienst der Frau nötig machten. Die Frauen selbst haben diese Entwicklung lebhaft aufgegriffen, und es ist daraus die Bewegung für größere politische, soziale, persönliche und erotische Rechte der Frau entstanden, die eine der großen geschichtlichen Tatsachen unserer Epoche darstellt. Natürlich wirkt diese Bewegung wieder zurück auf

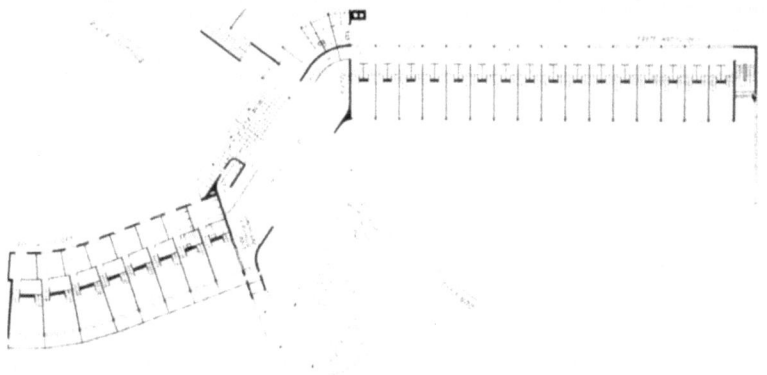

Abb. 21: Wohnheim für Junggesellen und Ehepaare
in der Werkbundsiedlung Breslau, 1929.
Architekt Hans Scharoun.
„Grundgedanke: kleine Wohnungen (...) nur mit Kochnische.
Verpflegung hauptsächlich aus dem im Mitteltrakt
untergebrachten Restaurant;
Mittelding zwischen Hotel und Mietshaus."

die wirtschaftlichen Verhältnisse: es ist heute schon fast eine Selbstverständlichkeit, daß ein Mädchen sich auf einen Beruf vorbereiten muß, und zwar nicht nur aus wirtschaftlichen, sondern fast ebenso stark auch aus ideologischen Gründen.

Der zweite Faktor, mit dem die Industrie dieser Entwicklung zur Berufstätigkeit der Frau entgegenkommt, ist jüngeren Datums, aber gerade gegenwärtig sehr stark. Ebenso wie denen, die Gott lieben, bekanntlich alle Dinge zum besten dienen müssen, so hat sich das Kapital aus der Frauenarbeit nicht nur eine Gelegenheit zum Druck auf die Löhne, sondern außerdem ein Absatzgebiet für neue Waren geschaffen. Es kommt dem Bedürfnis entgegen und wirft ständig neue Einrichtungen zur Erleichterung der Hausarbeit auf den Markt. Das elektrische Licht hat — nach einer kurzen Zwischenherrschaft des Gaslichtes — endgültig die Petroleumlampe verdrängt, die immer geputzt und neu gefüllt werden mußte. Die Zentralheizung in verschiedenen Formen, für das ganze Haus oder für die einzelne Wohnung, verdrängt die Heizung durch den Zimmerofen, der im Winter so sehr viel Arbeit beansprucht. Die Waschmaschine oder neuerdings die beruflich bediente Zentralwaschküche einer Siedlung ersparen weitere Arbeit. Die Staubsaugerproduktion sucht mit allen Mitteln einer enormen Reklame und mit „entgegenkommenden Zahlungsbedingungen" auch in die kleinsten Haushaltungen des Mittelstandes einzudringen. „Koche mit Gas" oder „Plätte elektrisch" und vieles andere derartige lesen wir täglich an allen Reklamewänden.

In den Vereinigten Staaten ist diese Entwicklung schon erheblich weiter gediehen, und zwar weil dort noch ein dritter Faktor wirksam ist: die hohen Kosten der menschlichen Arbeitskraft und die zum Teil auch psychologisch verursachte enorme Schwierigkeit, Hilfskräfte für den Haushalt zu bekommen. Dort ist neben dem Staubsauger der Müllschlucker in neuen Häusern selbstverständlich, und die Küchenarbeit wird aufs äußerste vereinfacht, da man sich Fleisch, Gemüse, Kartoffeln schon soweit vorbearbeitet ins Haus liefern lassen kann, daß sie sofort in den Kochtopf kommen können und alles Klopfen, Schälen, Putzen, Spülen usw. wegfällt. Aber auch das genügt schon nicht mehr; wie schon gesagt, wächst jetzt in den amerikanischen Großstädten ständig die Nachfrage

Abb. 22: Siedlung Bruchfeldstraße in Frankfurt-Niederrad, 1926-27.
Architekt Ernst May mit C. H. Rudloff.

nach Boardinghauswohnungen, in denen von Essenszubereitung im Bedarfsfall nur noch etwas Teekochen, Brotrösten oder dgl. übrig bleibt, während die großen warmen Mahlzeiten aus der gemeinsamen Küche bezogen oder auswärts eingenommen werden.

In Deutschland ist eine parallel gehende, nicht ganz soweit getriebene Entwicklung festzustellen: die Entwicklung zur modernen rationellen Küche. Sie hat neben dem Bedürfnis, der arbeitenden Frau den Haushalt möglichst zu vereinfachen, allerdings noch einen anderen Ursprung: da die deutsche Wohnungsnot höchste Sparsamkeit im Raumverbrauch notwendig macht, hat man festgestellt, daß zunächst, einmal die Küche derjenige Raum ist, der verkleinert werden kann und dadurch an Wirtschaftlichkeit gewinnt, da so für die Frau die Zahl der nutzlosen Gänge von einem Arbeitsplatz zum anderen verringert wird. Mit echt deutscher Gründlichkeit hat man eine Art Betriebswissenschaft der Küche aufgestellt, die die Küche behandelt, als wäre sie ein Industriebetrieb in Taschenformat. Fraglich bleibt dabei, ob diejenigen Frauen, die wirklich noch kochen, besonders geneigt und geeignet sein werden zu einer solchen Taylorisierung ihrer Arbeit; fraglich bleibt ferner, ob diese Rettungsaktion für die Familienküche sehr große Zukunftsmöglichkeiten auf weite Sicht hat, gegenüber den Tendenzen auf Gemeinschaftsküchen und Gemeinschaftsmahlzeiten.

Immerhin: eine rührige Industrie hat sich inzwischen der „modernen Küche" bemächtigt; Ausstellungen über Ausstellungen werden veranstaltet, und die Lage der Wohnungsbauwirtschaft ist diesen Bestrebungen günstig; da ein großer Teil der Neubauten in Form ganzer Blocks oder Siedlungen einheitlich gebaut wird, ergibt sich das Bedürfnis und die Gelegenheit zu billiger Serienherstellung für eine zusammengefaßte einheitliche Nachfrage. Normenausschüsse, Forschungsgesellschaften, Siedlungsgesellschaften, Magistrate beschäftigen sich mit dem Problem. In Frankfurt a. M. hat der dortige Stadtbaurat Ernst May zusammen mit der Architektin Lihotzky für die städtischen Wohnungsneubauten den Typ der „Frankfurter Küche" geschaffen, der viel Anerkennung gefunden hat.

Fassen wir zusammen:
Der Familienhaushalt als Organisation des Verbrauchs ist heute vielfachen Abbautendenzen ausgesetzt. Am stärksten in der **Aufgabe der Organisation der Ernährung**, wobei der Zug zur Kleinküche — und ebenso zur Wohnküche —, so modern er scheint, doch konservativ wirkt, als Damm gegen die Gemeinschaftsküche. Weitere Abbautendenzen liegen auf dem Gebiet der Reinigung. Am stärksten, **jedenfalls in Deutschland, hält sich die alte Aufgabe des Familienhaushalts auf dem Gebiet der Bekleidungsreparatur**. Nur sehr langsam können die unter ständigem schwerem Lohndruck stehenden werktätigen Massen Deutschlands zu jener amerikanischen Gewohnheit gelangen, alle Kleidungs- und Wäschestücke sofort wegzuwerfen, die reparaturbedürftig wären. Sinkende Preistendenz für viele Textilwaren, vor allem der ständige Preisdruck von der Kunstseide, helfen hier nach. Auch psychologisch ist die Tendenz da: lieber im Beruf schärfer arbeiten, mehr verdienen, neu kaufen, nur nicht ausbessern, nur ja modern bleiben.

Was volkswirtschaftlich vom Standpunkt einer sozialistischen Bedarfswirtschaft aus zu dieser Tendenz zu sagen wäre, ist eine andere Frage, die hier zu weit führen würde.

Raum ist in der kleinsten Hütte...

Die Behauptung, daß schon der Kapitalismus selbst die Familie auflöse, fanden wir durch unverkennbare Entwicklungen in den Lebensformen der modernen städtischen Bevölkerung bestätigt. Wenigstens als überwiegende Entwicklungstendenz bestätigt, wenn man auch vielleicht finden kann, daß die Dinge sich recht langsam entwickeln. Vielleicht steht einer schnelleren Entwicklung auch die Form der bestehenden und fast aller neu gebauten Wohnungen entgegen; wer kann wissen, was für Wohnformen sich die Leute ausdenken würden, wenn jeder gezwungen wäre, sich einmal ganz genau auf seine eigentlichen Wohnbedürfnisse zu besinnen, und wenn dann gleich der gute Zauberer daneben stände, der die neue Wohnung ganz so herstellen würde, wie sie gewünscht wird. Sowie es die Menschen fertig brächten, wirklich alle Gewohnheiten abzustreifen und klar und ehrlich auszusprechen, wie sie eigentlich wohnen und leben möchten — ungefähr im gleichen wirtschaftlichen Rahmen versteht sich —, so würden sicher wunderliche Dinge herauskommen und es würde sich nicht empfehlen, hohe Wetten auf den Sieg der überlieferten Wohnformen und Lebensgewohnheiten abzuschließen.

Nun wäre dies alles viel einfacher und klarer, wenn die Familie in der Tat nichts anderes wäre als eine Gruppe zur Regelung der Konsumtion, also nichts anderes als eine kleinste wirtschaftliche Zelle im großen Körper der Volks- und Weltwirtschaft. Bekanntlich ist sie aber nicht nur dies, vielmehr „erhält sich das Getriebe durch Hunger u n d durch Liebe".

Schon in dem bisher Gesagten, vor allem in der Darstellung dessen, was wir als Zwischenstufen bezeichnet haben, haben wir immer wieder diesen Punkt gestreift, ohne ihn bisher näher ins Auge zu fassen. Die wirtschaftliche Großorganisation des Konsums, die sich im Kloster, in der Kaserne, im Internat findet und die zweifellos dem Kleinbetrieb, dem überlieferten Einzelhaushalt, technisch, wirtschaftlich und in der Organisation weit überlegen ist, liegt zwar nach unserem Gefühl einer sozialistischen Organisationsform des Verbrauchs näher als der Privathaushalt; aber sie war überall nur möglich auf Kosten der Organisation des geschlechtlichen Lebens. Entweder mußte die Existenz des anderen Geschlechts und die Funktion der Fortpflanzung überhaupt beiseite geschoben werden, wie im Kloster, oder die Familien waren nur als halbe Fremdkörper geduldet, wie in der Kaserne und im Internat.

Nun behauptet zwar das Kommunistische Manifest, daß nicht nur die Familie als wirtschaftlicher Körper, sondern auch Ehe und Familie als Einrichtung der sexuellen Ordnung (anders ausgedrückt: die Familie in ihrer biologischen Funktion) unter den Einwirkungen der kapitalistischen Wirtschaft allmählich aufgelöst werden, und es wurde schon daran erinnert, daß die tägliche Erfahrung uns auch diese Behauptung bestätigt.

Aber dies sind bekanntlich Dinge, über die trotz aller Massenhaftigkeit der öffentlichen Diskussionen doch nur sehr selten etwas Aufrichtiges gesagt wird. Ein unendlicher Wust von gut gemeinten Ideologien und von bösartiger Heuchelei, von Selbstbetrug und falscher Romantik hat sich da festgesetzt, und der brutale Zynismus, mit dem Literatur und Theater der bürgerlichen Klasse die Fragen des Sexuallebens oft behandeln, gibt zwar ein Spiegelbild von tatsächlichen Zuständen, aber doch nur von Zuständen in verhältnismäßig kleinen Kreisen „von Bildung und Besitz".

Die überlieferte Familienwohnung beruht auf der Einrichtung der überlieferten bürgerlichen Ehe, die in der Regel als körperlich-seelische Liebesgemeinschaft beginnt, durch das Hinzukommen von Kindern, die gepflegt und aufgezogen werden, zur eigentlichen Familie wird und in der Regel im Laufe der Jahre immer stärker den Charakter einer Wirtschaftsgemeinschaft zur Konsumtionsregelung bekommt. Für eine andere, wirtschaftlichere Organisation der Verbrauchsregelung stehen die verschiedensten Möglichkeiten grundsätzlich bereit. In der anderen Frage aber, die viel weniger vom rechnenden und abwägenden Bewußtsein kontrolliert wird, die vielmehr von Gefühl und Nerven und blutsmäßigen Gewalten beherrscht wird, gibt es vorläufig keine Wege zur

Abb. 23: Wohnraum mit einfachen Möbeln. 1929. Entwurf Marcel Breuer.

neuen Ordnung; wenigstens keine solchen, die sich mit Vernunftgründen und durch aufrichtig ausgesprochene gemeinsame Erfahrung größerer Menschengruppen als empfehlenswert darstellen ließen.

Sehen wir noch einmal nach Amerika zurück. Dort ist die neueste Familienform, die sich in letzter Zeit in den Großstädten sehr ausbreitet, die, daß die jungen Eheleute eine Wohnung von einem, höchstens zwei Zimmern beziehen; Möbel werden nur wenige gebraucht, da Schränke und Betten eingebaut sind, die Reinigung der Wohnung ist in den kleinen Räumen mit dem Staubsauger im Handumdrehen gemacht, Wäsche wird aus dem Haus gegeben, gegessen wird ebenfalls außerhalb des Hauses, und dies alles gilt auch dann, wenn die Frau nicht mitverdient. Sie macht sich dann eben irgendwie sonst zu schaffen, in Vereinen und Komitees, mit Büchern, Museen, Autofahrten, Reisen. Zugeschnitten ist dieses System natürlich auf die beruflich arbeitende Ehefrau. Abends geht man gemeinsam aus, zu Hause ist man nur, soweit es unbedingt nötig ist. Dieses System läßt sich auch dann weiter führen, wenn Kinder in beschränkter Anzahl kommen; werden sie größer und muß man mehr Raum haben, so muß eben mehr verdient werden, aber der Zuschnitt des Lebens mit seiner Beschränkung der privaten Häuslichkeit auf ein Mindestmaß ändert sich dabei nicht erheblich.

Es liegt auf der Hand, daß ein solches System nicht nur wirtschaftlich einen ganz anderen Charakter hat als der alte Haushalt, der die Arbeit einer Hausfrau erfordert, sondern daß es auch ein ganz anderes Maß von freier Beweglichkeit in den Liebesbeziehungen ermöglicht. Diese Art von Wohnung ist sozusagen der bauliche Ausdruck für eine weitgehende Erleichterung der Ehescheidung und für eine ständige Bereitschaft, wieder auseinanderzugehen und andere Verbindungen zu suchen.

Stellen wir uns auf der anderen Seite einen wohlhabenden bürgerlichen Haushalt mit 6 Zimmern vor, die mit zahllosen großen und kleinen Möbeln und Gebrauchsgegenständen angefüllt sind, vieles davon im Laufe der Ehe hinzugekommen, alles mehr oder weniger alt gewohnt, zur fest gewachsenen Schale geworden. Wie schwierig, das aufzuteilen, wenn man sich trennen will, welche Häufung unzähliger kleiner, aber sehr wirksamer seelischer Unbequemlichkeiten für beide Teile! Noch dazu die Notwendigkeit, bei einem Umzug die Wohnung auch wirklich leer zu hinterlassen, das ganze Gerümpel wegzufahren und anderswo neu aufzubauen. Der Bewohner eines amerikanischen Boardinghauses oder der Insasse eines Pensions- oder Hotelzimmers ladet in solchem Fall seine privaten Siebensachen auf einen Handwagen oder eine Droschke und läßt leichten Herzens das meiste dort zurück, wo er es beim Einzug vorgefunden hat.

Diese Gegenüberstellung soll nur an einem Beispiel zeigen, wie eng die Dinge zusammenhängen. Man hat vom modernen Großstadtmenschen gesagt, daß er Ähnlichkeit mit dem ewig wandernden Nomaden der Wüste hat, der jederzeit sein Zelt abbrechen und mit seiner Herde und mit seinem beweglichen Hab und Gut auf Wanderschaft gehen oder sich einen neuen Lagerplatz aussuchen kann. Dieser Vergleich hat zweifellos etwas Richtiges an sich; zu einer literarischen „Entdeckung" ist er allerdings erst geworden, als auch das Bürgertum selbst sich in den Wirbel und die Unruhe des ständig revolutionierenden modernen Kapitalismus hineingezogen fühlte; große Arbeitergruppen waren es schon lange vorher durchaus gewohnt, daß sie je nach der Wirtschaftssaison oder nach der Konjunkturentwicklung bald auf pommerschen Landgütern, bald auf Berliner Bauplätzen, bald in polnischen Dörfern und bald im westfälischen Steinkohlenbezirk „heimisch" zu sein hatten. Die unaufhörlichen Umwälzungen, die die moderne Technik im wirtschaftlichen Leben verursacht, der häufige Standortswechsel großer Industrien, die rasche Zusammenballung riesiger Arbeitsarmeen bei neuen Großbetrieben mitten in einer ländlichen Umgebung, die Ansaugungskraft der großen Städte — all diese Entwicklungen haben zu einer ständigen Wanderbewegung großer Volksteile geführt, und der Umfang dieser Wanderbewegungen nimmt noch immer zu. Er würde sicherlich noch rascher zunehmen, wenn er heute nicht durch die Schwierigkeiten bei der Finanzierung des Baues neuer Wohnungen gehemmt würde.

Die neue, rasch aufkommende Sitte, neue Wohnungen mit eingebauten Möbeln, vor allem Schränken, zu versehen, entspringt diesem

Bedürfnis erleichterten Umzugs und begünstigt das „Nomadentum" des modernen Großstädters. Diese Erscheinungen sind natürlich dem ruhigen Aufbau einer auf die Dauer berechneten Ehe und Familie ebenso wenig zuträglich wie die zunehmende Berufstätigkeit der Frau. So untergräbt in der Tat der Kapitalismus selbst auf den verschiedensten Wegen die Voraussetzungen für die Einrichtung der Ehe, die er noch immer als offizielle Grundlage der Regelung des Geschlechtslebens und damit als eines der wichtigsten Fundamente der Gesellschaft überhaupt proklamiert. Je mehr aber die Einrichtung der Ehe untergraben, in ihrem grundsätzlichen Dauerbestand erschüttert und in ihrer Entfaltungsmöglichkeit durch die Hereinziehung der Frau ins Wirtschaftsleben eingeengt wird, desto schmaler wird auch der Boden, auf dem sich der Familienhaushalt entwickeln kann und auf dem noch die Familienwohnung alten Stils eine Existenzmöglichkeit hat.

Bei alle dem bleibt aber eines übrig: die Liebes- und Lebensgemeinschaft zweier Menschen, gleichgültig ob sie für immer Bestand hat, gleichgültig ob sie standesamtlich oder kirchlich genehmigt ist oder nicht, braucht zu ihrer Existenz eine nach außen geschützte private Sphäre. Hier sind wir an dem Punkt angelangt, an dem alle Entwicklungen zu gemeinwirtschaftlichen Formen und zu gemeinsamer Konsumtionsregelung ihre Grenzen finden.

Bis auf weiteres wenigstens. Gewiß ist die menschliche Natur durchaus nicht etwas so unveränderlich Gegebenes, wie es die konservativen Verteidiger der alten Ordnung gern glauben machen möchten. Nur ist es sehr schwer und bisher noch kaum möglich gewesen, den unveränderlichen und gleichbleibenden Kern der menschlichen Natur herauszuschälen aus allen den wechselnden Denk- und Lebensgewohnheiten, die von der geschichtlich gegebenen Umwelt um diesen Kern herumgebaut werden. Man kann nachweisen, daß die menschliche Natur in der feudalen Ritterzeit und auch noch vor 200 Jahren recht erheblich anders erschien als heute, und daß auch heute noch zwischen einem Südseeinsulaner und einem Berliner Werkmeister sehr tiefreichende Unterschiede bestehen. Und so wird zweifellos auch die weitere Zersetzung der kapitalistischen Wirtschaft und das revolutionäre

Wachstum einer neuen sozialistischen Gesellschaft noch zu wichtigen Wandlungen des Menschentyps führen. Wie der neue Typ aussehen wird, das zu prophezeien sollte man denen überlassen, die den Sozialismus mit religiösen Redensarten zu verkleistern suchen.

Auch das Liebesleben, die sexuellen Gewohnheiten und Anschauungen, werden sich ändern, wie sie sich auch unter unseren Augen bereits wandeln. Doch ist in dem einen Punkt, von dem wir sprechen, keine Wandlung zu erkennen und bis auf weiteres keine zu erwarten: eine für längere Dauer gewünschte Liebesgemeinschaft will einen Schutz gegen die Außenwelt, sie braucht den abgeschlossenen Raum, sie braucht, baulich gesprochen, die Privatwohnung.

In diesem Raum wird dann irgend einmal der Kampf um eine der letzten Machtpositionen des Privateigentums zu Ende gefochten werden, der heute schon begonnen hat, der Kampf um das Eigentumsgefühl, um das Besitzgefühl im engsten Verhältnis zweier Menschen. Gewiß ein Kampf individueller Art, den jeder für sich allein auszufechten hat; zugleich aber auch, in seinem Ursprung wie in seinen Auswirkungen, ein Kampf von weltgeschichtlicher, sozialer Bedeutung.

Raum ist in der kleinsten Hütte. Fragt sich nur: wofür.

Und die Kinder?

Gut. Aber was wird nun mit den Kindern? So wenig die bürgerliche Gesellschaft mit dem Problem des Kindes überhaupt fertig geworden ist, mit dem Problem der Aufzucht und richtigen Einfügung der jeweils neuen Generation, so wenig ist sie baulich mit ihm fertig geworden.

Zwar das wohlhabende Bürgertum hat es, für sich, auf seine Weise, gelöst. Für die Klassen, die den Ertrag der volkswirtschaftlichen Arbeit in ihren Händen anhäufen, war und ist das nicht schwer: die Wohnung wird einfach groß genug gemacht, die heranwachsenden Kinder bekommen je ihr eigenes Zimmer. Fertig.

Für die breiten Massen der Bevölkerung ist nicht nur die Aufzucht des kleinen Kindes, nicht nur die Berufswahl und Versorgung des halbwüchsigen, sondern gerade auch die Unterbringung im Übergangsalter, etwa vom zwölften Jahre ab bis zur wirtschaftlichen Selbständigkeit, Gegenstand bitterster Sorge. Man braucht dabei noch nicht einmal an die Zehntausende von Fällen zu denken, in denen Familien von sechs, acht, zehn Köpfen mit Kindern verschiedensten Alters in zwei Zimmern und vier Betten „wohnen", mit all den bekannten Folgen gesundheitlicher, geistiger und sittlicher Gefährdung. Alle, auch die reichsten Länder der modernen industriellen Welt haben solche Schandflecken auf sich sitzen. Aber auch die normale durchschnittliche Arbeiterfamilie kommt von einem gewissen Alter der Kinder ab in räumliche Bedrängnis. Die Schule hilft zwar sonst das Problem zu verschleiern: sie nimmt für einen großen Teil des Tages den Eltern die Fürsorge für die Kinder ab; aber für die übrige Zeit, und gerade für die Nacht, bleibt das Problem.

Die bürgerliche Theorie von der Familie als Kern und Fundament der Gesellschaft hat in der Praxis vielleicht nirgends so versagt wie gegenüber der Aufgabe, die mit dem Nachwuchs immer neu gegeben ist.

Damit soll nichts gesagt sein über die Frage, ob wirklich, wie meist behauptet wird, die Eltern auch immer die besten und meist unersetz-

Abb. 24: Ruheraum in einem Kinderheim, 1927.
Architekt Ferdinand Kramer.
„Gemeinschaftsraum. Gleichmäßige Liegestätten und Decken. Leicht zu kontrollieren, hell und luftig."

Abb. 25: Kinderspielzimmer in der Konrad-Haenisch-Schule Frankfurt-Main. Architekt Martin Elsaesser.

baren Erzieher des eigenen Kindes sind. Für jedes natürliche Denken liegt es ohne weiteres nahe, daß die Blutsverwandtschaft, daß mindestens die instinktive mütterliche Kenntnis und Erfahrung, die ja schon vor der Geburt einsetzt, Leistungen für das Kind ermöglichen, wie sie der nicht Blutsverwandte kaum je aufbringen wird. Aber wo können heute, in der bürgerlichen Gesellschaft, diese Möglichkeiten zur Wirklichkeit werden? Wo ist freie Zeit dazu, freie Kraft, Gesundheit? Wo ist der Raum dazu?

In alten Zeiten war in der Ritterburg, auf dem Bauernhof und im Bürgerhaus der vorkapitalistischen und frühkapitalistischen Städtewirtschaft — kurz gesagt, etwa bis zur Einführung des allgemeinen Schulzwanges — die Erziehung selbstverständlich eine Sache der Familie und erfolgte im Hause. Der Handwerkslehrling kam zwar aus der eigenen Familie fort, dafür aber in die seines Lehrherrn, wo er ebenfalls, wenigstens prinzipiell, als Familienmitglied galt und als solches irgendwie, besser oder schlechter, zum vollwertigen Arbeiter und Zunftmitglied herangezogen wurde. Erst mit dem allgemeinen Schulzwang wurde auch die Trennung der Erziehungsleistung in Aufgaben der Familie und solche der Schule eine allgemeine Erscheinung. Was es bis dahin an Klosterschulen, Stadtschulen oder dgl. gab, berührte doch nur kleine Schichten der Gesellschaft.

Seit etwa 100 Jahren gibt es keine richtige Einigkeit mehr darüber, welche Aufgaben nun eigentlich der Schule und welche dem Hause zufallen. Die übliche Formel dafür ist zwar, daß die Schule unterrichten, das Haus erziehen soll; da die Schule aber nicht darauf verzichten kann, zu erziehen, das Haus seinerseits in den berufstätigen breiten Schichten nur noch sehr geringe Möglichkeiten erzieherischer Wirkung hat, da ferner Art und Inhalt des Unterrichts ständig sehr umstritten und die Grundsätze „richtiger" Erziehung noch viel umstrittener sind, ist das ganze Gebiet durchsetzt und zerrissen von Fragen und Widersprüchen — ein vollkommenes Spiegelbild der inneren Widersprüche der kapitalistischen Wirtschaft.

Eine wirkliche Erziehung müßte natürlich die Gestaltung der Räume in sich begreifen, in denen das Kind hauptsächlich lebt. Alle Internate, von den Klosterschulen des früheren Mittelalters an bis zu den modern-

Abb. 26: Das „Bauhaus" in Dessau, 1926.
Architekt Walter Gropius.
Blick aus dem Werkstattgebäude auf den Ateliertrakt.
„Glas als Baustoff. Helle Unterrichtsräume und Werkstätten."

sten Landerziehungsheimen und Schulgemeinden, haben hierauf stets besonderen Wert gelegt. Die Familie weiß davon natürlich allgemein sehr wenig, und wenn sie etwas weiß, so kann sie es meist nicht in die Tat umsetzen. Denn die Wohnung ist eben nun einmal so, wie man sie gemietet hat. Man sucht vielleicht mit Büchern und Bildern, einer Spielecke, Blumentöpfen oder dgl. ein bißchen nachzuhelfen, aber nur in einem ganz geringen Prozentsatz von Familien, in den wohlhabenden Kreisen hat das Kind einen Raum für sich, und dann besteht auch leicht Gefahr, daß es sich isoliert und ein Einspänner wird.

Nun zeigt sich gewiß in den letzten Jahrzehnten, besonders stark seit dem Kriege, überall ein lebhafter Drang nach gemeinsamem Leben. Die überhandnehmende Großorganisation der Wirtschaft bringt die Menschen aus der Absonderung in kleinen abgeschlossenen Kreisen heraus und führt sie in großen Massen zusammen. Die junge Generation nimmt an dieser Bewegung besonders stark Anteil, vor allem im Sport und in ihren eigenen klassenmäßigen oder bündischen Organisationen. Aus dem Gefühl heraus, daß die heutige Gesellschaft gegenüber dem Erziehungsproblem vollkommen versagt und daß insbesondere die Familie je länger je weniger imstande ist, ihrer Aufgabe in der Erziehung gerecht zu werden, ist ferner ein starkes Anwachsen gesellschaftlicher Organisationen festzustellen, die der jungen Generation dienen sollen, vom Kleinkinderheim und der Kleinkinderschule an zur Ganztagsschule, Waldschule, Schulfarm und wie diese Experimente alle heißen, bis zur Errichtung großer Sportstadien.

Alle diese gesellschaftlichen Einrichtungen zusammen mit der eigenen Aktivität der jungen Generation schaffen natürlich einen gewissen Ausgleich gegenüber dem Versagen der Familie, sie lassen aber das Problem des Wohnraumes für Kinder und Jugendliche zugleich geringfügiger erscheinen, als es doch wohl in der Tat ist.

Eine sozialistische Zukunftsperspektive wird gewiß die Lösung dieser Frage nur in einer sehr starken grundsätzlichen Betonung des gesellschaftlichen Anteils an der Erziehungsarbeit sehen können. Die langdauernde Einkapselung im Familienkreise und in der Familienwohnung kann keinen sozialistisch empfindenden Menschen heranziehen. und der starke Zug zum gemeinsamen Leben, von dem schon gesprochen

Abb. 27: Lehrküche des berufspädagogischen Instituts Frankfurt-Main.
„Viel Licht und praktische Anordnung."

wurde, ist eines der hoffnungsvollsten Zeichen für die innere Entwicklung der Massen von heute und morgen.

Sicherlich wird auch eine sozialistische Gesellschaft nicht auf die besonderen Leistungen verzichten können, die vor allem für das Kleinkind normalerweise von den Eltern, hauptsächlich von der Mutter, zu erwarten sind. Sie wird auch kaum darauf verzichten können, die Lustgefühle wirksam werden zu lassen, die für eine normale Mutter aus der Sorge um das Kind, besonders in den ersten Jahren, erwachsen und die doch wohl den eigentlichen Gegenwert für die schmerzvolle Last des Gebärens bilden. Dazu wird immer nötig sein, daß auch für diese Sorge ein geeigneter Wohnraum geschaffen wird. Es ist also auch in einer sozialistischen Gesellschaft kaum anders zu denken, als daß die Privatwohnung übrig bliebe für junge Paare und für Eltern mit kleinen Kindern; man kann allerdings nicht wissen, ob nicht in vielen Fällen der Mann sehr bald aus einer solchen Wohnungsgemeinschaft wieder ausscheidet und ohne Bedenken ausscheiden kann, da die rechtliche und wirtschaftliche Stellung der Mutter in einem sozialistischen Gemeinwesen zweifellos ganz anders gesichert und bevorzugt sein wird, als es in der kapitalistischen Gesellschaft je der Fall sein kann.

Vielleicht ist überhaupt in großem Umfang damit zu rechnen, daß die selbständige arbeitende Frau ständig für sich in ihrer Wohnung lebt, dort jeweils von Zeit zu Zeit den Mann ihrer Wahl bei sich hat, dort auch ihre Kinder großzieht. Erscheinungen solcher Art findet man bekanntlich heute schon; sie mögen künftig häufiger werden. Eine schematische Einförmigkeit darf man sich aber sicher nicht als Zukunftsbild vorstellen.

Von welchem Zeitpunkt ab und bei welchen sachlichen Aufgaben im Leben des heranwachsenden Kindes die Einwirkung der sozialistischen Gesellschaft einsetzen und das Übergewicht erlangen wird, kann man heute nicht mit Sicherheit wissen; es wird da zuerst wahrscheinlich vielerlei Notmaßnahmen geben wie im heutigen Rußland und vielerlei Experimente. Mit großer Sicherheit ist jedoch anzunehmen, daß eine sozialistische Gesellschaft alle Formen des Zusammenlebens von Kindern und Jugendlichen aufs stärkste planmäßig aufbauen wird: Schulfarmen auf dem Lande, Lehrwerkstätten, Wald- und Heilschulen, Sommerlager, große Internate. Ein Netz von baulichen Anlagen wird sich über das Land ausbreiten, in denen die junge Generation heranwächst, spielt, arbeitet und lernt, und in Spiel und produktiver Arbeit zum Glied einer neuen Gesellschaft erzogen wird — oder vielleicht noch mehr: sich selbst erzieht. Die Familienwohnung wird neben dieser Entwicklung ständig an Bedeutung verlieren und sich bis zu jenem Minimum zurückentwickeln, das wir als den vermutlich notwendigen Rest anzudeuten versucht haben.

Man sieht: manches von dem, was heute geschieht und was heute gebaut wird, weist bereits in ersten Ansätzen auf ein solches Zukunftsbild hin. Aber das Meiste dieser Art, was heute gemacht wird, trägt doch mehr den Charakter der vorläufigen Notstandsmaßnahme und der Flickarbeit, notwendig, aber nicht befriedigend, ersonnen zum Teil um die schwersten Wunden der kapitalistischen Mißordnung nachträglich zuzupflastern — Säuglingsheime — oder um diese Mißordnung vor der jungen Generation zu schützen — Fürsorgeanstalten.

Hieronymus in der Klause

Man kennt das berühmte Bild von Albrecht Dürer. Es mag uns noch an eine Funktion der Privatwohnung erinnern, die auch in einer sozialistischen Gesellschaft nicht fortfallen wird. Als im Jahre 1919 manche Kreise der revolutionären Jugendbewegung in Überschätzung des politischen Umsturzes dachten, es werde nun bald alles anders werden, gab es in deutschen Landen allerhand „Gemeinschaftssiedlungen", die einen Weg zur sozialistischen Lebensführung zeigen sollten. Kein Wort gegen das reine Wollen, das sich mit diesen Versuchen kundgab. Aber sie enthalten neben dem Mißverständnis der geschichtlichen Situation noch einen zweiten Irrtum: man glaubte, es müsse möglich sein und es sei sogar richtig und notwendig, daß Menschen immer den ganzen Tag von morgens bis abends zusammenlebten.

Wenn das wahr wäre, so würde es merkwürdige Aussichten auf die sozialistische Organisation des Bau- und Wohnungswesens eröffnen. Aber es ist offenbar ein Irrtum, und zwar vermutlich nicht nur, soweit man mit dem verbildeten und verbogenen Menschen der kapitalistischen Gesellschaft zu tun hat, sondern ein Irrtum in einem viel allgemeineren Sinne.

Gewiß gibt es Menschen, die es nicht ertragen, für sich allein zu sein. Jeder wird solche Menschen kennen, aber niemand wird behaupten wollen, daß sie besonders angenehm wirken oder daß sie als natürlicher Typ gelten können. Vielmehr kann man doch wohl mit großer Wahrscheinlichkeit behaupten, daß der natürliche Mensch, wie in allen Dingen, so auch hier ein Bedürfnis nach Abwechslung hat: wenn er viel mit anderen zusammengewesen ist, in der Arbeit, im Gespräch, im Spiel, so will er auch einmal für sich allein sein. Man braucht kein Heiliger zu sein, wie der Hieronymus auf Dürers Bild, um dieses Bedürfnis in sich zu entdecken. Und das, womit man sich, still für sich allein, beschäftigen möchte, können gewiß wie in der Klause des frommen Mannes Bücher sein, aber es kann doch auch sein, daß man etwas zeichnen will oder einen Brief schreiben oder auch nur still sitzen und nachdenken.

Dieses natürliche Bedürfnis der weitaus größten Mehrzahl der Menschen wird überdies kaum geringer werden, wenn andrerseits der Strom gemeinsamen Lebens in Arbeit und Erholung immer stärker wird. Schon in den modernen Arbeitersiedlungen ist vielfach nicht genügend an dies Bedürfnis gedacht worden. Wenn man manche dieser Siedlungen sich ansieht, so möchte man annehmen, daß hier etwa folgender Gedankengang geherrscht hat: in diese Siedlung werden hauptsächlich Arbeiter, Gewerkschaftler, bewußte Sozialisten ziehen. Die sind nicht gewohnt, sich abzusperren, sondern sie sind gewohnt, mit andern Menschen zusammenzuleben. Deshalb soll zwar jeder seinen Streifen Gartenland bekommen, aber dazwischen braucht es keine Zäune; auch kann man ruhig so bauen, daß in jedem Stockwerk, an jeder Wand gleich der Nachbar sitzt, und die Wände brauchen nicht schalldicht zu sein. Aus alle dem wird sich ein fröhliches Gemeinschaftsleben ergeben.

Es ergibt sich natürlich das Gegenteil: jeder fühlt sich immerfort vom Nachbarn gestört, jeder muß oder sollte immerfort Rücksicht nehmen, jeder weiß über den andern Bescheid, es gibt Ärger und Streit, und das nie befriedigte Bedürfnis, auch einmal wirklich ganz allein zu sein, wird dadurch immer stärker.

In einer sozialistischen Gesellschaft wird gewiß viel Anlaß zu solchem Streit und Ärger fortfallen: wenn die Ernährung gesellschaftlich organisiert ist, kann niemand mehr sich darüber aufhalten, was heute beim Nachbarn zum Mittag gekocht wird. Und wenn die Kinder überwiegend im Erziehungsheim sind, wird auch der Zank um die ungezogenen Rangen von nebenan keine wesentliche Rolle mehr spielen. Aber erstens ist der Weg bis dahin noch weit, und zweitens wird auch da noch das Bedürfnis nach der ungestörten Ruhepause lebendig sein. Ob man dann so etwas wie eine Klosterzelle im großen Gemeinschaftshause für sich haben wird oder was sonst, können wir heute noch nicht wissen. Aber auch bei neuen Siedlungen, die heute und demnächst gebaut werden, sollte wohl an diese Funktion der Privatwohnung gedacht werden, die in irgend einer Form immer da sein wird.

Grundelemente des neuen Bauens

Wirtschaftlichkeit, Zweckmäßigkeit — Einfachheit — so kann man vielleicht die Grundelemente des neuen Bauens umschreiben. Wo bleibt Raum für die Kunst? Für die Schönheit? — Davon später. Im Grunde sind Wirtschaftlichkeit, Zweckmäßigkeit und Einfachheit alles ein- und dasselbe. Aber es ist für das Verständnis doch gut, die drei Begriffe zunächst auseinanderzuhalten; besser: auseinanderzulegen.

Wirtschaftlichkeit: Hier denkt man zunächst an das Verhältnis zwischen Kosten und Nutzwirkung. Die Verarmung breiter Schichten infolge des verlorenen Krieges und der Inflation und die Abwendung des Kapitals vom Baumarkt zwingen uns daran zu denken, daß in den alten Baumethoden viel unnütze Kosten stecken, die man lernen muß zu vermeiden. Daher das Bestreben nach billigeren Baustoffen, nach Ausschaltung der teuren Handarbeit besonders des Maurers, nach Fortlassung aller überflüssigen, nur „schmückenden" Zutaten, nach genormten, fabrikmäßig hergestellten Bauteilen, nach besserer Organisation der Arbeit an der Baustelle, nach zusammenfassender Bearbeitung großer einheitlicher Bauaufgaben usw.

Aber auch im Erzeugnis selbst, in der fertigen Wohnung, soll viel stärker als bisher an Wirtschaftlichkeit für den Benutzer gedacht werden. Schon allein die Frauenarbeit zwingt dazu. Daher Experimente mit Häusern, die ganz mit Gas, und solchen, die ganz mit Elektrizität eingerichtet sind; daher Versuche mit Siedlungen (Römerstadt bei Frankfurt am Main), die Hausarbeit durch Stromlieferung zu billigen Versuchstarifen erleichtern wollen; daher das Suchen nach der wirtschaftlichsten Küche (Kleinküche? Wohnküche? Kochnische im Wohnraum? — das Problem ist noch unentschieden), die der Hausfrau unnötige Gänge und Griffe ersparen soll; daher das Suchen nach dem besten Grundriß, der auf kleinstem Raum die beste Ausnutzung gewährt, und vieles andere.

Also nicht „billig" will man bauen im Sinne der alten berüchtigten Parole „billig und schlecht", sondern, im strengsten Sinne des Wortes, preiswert, billig und gut; so gut wie nur möglich für beschränkte Mittel, oder auch: ein bestimmtes Mindestmaß an Qualität und Brauchbarkeit, das unter allen Umständen erreicht werden soll, mit möglichst geringen Kosten.

E i n f a c h h e i t : Man will nun nicht mehr die Tatsache, daß man nur über mäßige Mittel verfügt, zudecken durch irgendwelche Ausschmückungen. Der Bau soll auch in seiner äußeren Form ehrlich zugeben, was er ist: ein einfaches Haus mit Wohnungen für arbeitende Menschen. (Oder, je nachdem: eine Fabrik, ein Warenhaus, ein Bürohaus, ein Speicher.) Und ebenso versucht man die Wohnung im Innern auszugestalten: glatte einfache Flächen und Linien; jedes Material soll sich so zeigen wie es ist: Holz als Holz, Metall als Metall. Man will heute nicht mehr Tapeten, die durch ihr Muster eine Marmorwand vortäuschen, oder Kiefernmöbel, die mit einem dünnen Fournier als Eiche maskiert auftreten.

Und außerdem sollen Haus und Möbel schon in ihrem Aussehen offen den Zweck verkünden, für den sie — und jeder einzelne Teil von ihnen — gemacht sind. Die Z w e c k m ä ß i g k e i t , die in der S a c h e verlangt wird, soll auch in der F o r m deutlich sichtbar werden. Die Forderung, daß ein Haus, eine Wohnung, ein Möbel oder Gerät seinem Zweck gemäß sein soll, klingt nun zwar sehr einfach, und diese Forderung hat übrigens auch schon große Veränderungen im Aussehen unserer Bauten und Wohnungen hervorgebracht — ein Beweis dafür, wie nötig sie war und wie unzweckmäßig wir lange Zeit gebaut und gewohnt haben. Aber so einfach die Forderung klingt, so schwierig ist sie im Grunde, nämlich deswegen, weil erst einmal die Frage beantwortet werden muß: was ist der Zweck?

Bei reinen Industriebauten, die von einem eng begrenzten und ganz deutlich bewußten Zweck bestimmt werden, ist die Sache ja einfach. Einfach ist sie auch noch bei vielen Geräten und Einzelmöbeln des Haushalts. An was z. B. bei der Herstellung eines Kochtopfs gedacht werden

Abb. 28: Leseraum in der Siedlung Georgsgarten in Celle, 1926-27. Architekt Otto Haesler.

muß (oder sollte), das weiß im Grunde jedes zwölfjährige Mädel. Trotzdem haben die Fabrikanten es seit Jahrzehnten nicht mehr gewußt, oder im Konkurrenzkampf und in der Jagd nach Profit nicht mehr wissen wollen, und haben Töpfe gemacht, die man nicht anfassen kann, wenn sie heiß werden, weil der Griff sich miterhitzt, die man nicht reinigen kann, ohne daß Putzsand sich festsetzt oder gar die Gefäßwand angegriffen wird, Kochtöpfe, die kein Jahr regelmäßiger Benutzung aushalten, kurz: schlechtes Dreckzeug ohne alle Rücksicht auf den richtigen überlegten Verwendungszweck; und sie wurden und werden noch heute trotzdem gekauft. Das Gleiche könnte man über viele Dinge sagen, die alle für eine einfache vernünftige Überlegung kein Problem sein können und für die doch die Propaganda der Zweckmäßigkeit notwendig war, damit wieder das wirklich Zweckmäßige gemacht und vom Publikum geschätzt wurde.

Geht man aber über diesen Kreis der einfachsten Haushaltsgeräte hinaus, so fangen sofort die Zweifel an. Ein Stuhl z. B. — wie einfach: er ist zum Sitzen da. Ja, aber wer soll darauf sitzen? Ein Kind? Ein Erwachsener? Eine Frau mit schwachem, stützungsbedürftigem Kreuz? Und wozu? Zum Arbeiten oder zum Ausruhen? Zu was für einer Arbeit? In einer Ausstellung, die das Reichsarbeitsministerium im Sommer 1929 in Berlin machte, konnte man sehen, wie genau die Stuhlkonstruktionen für die verschiedensten Arten von Arbeit schon durchgedacht sind, und wie überraschend stark die Gesundheit und Leistungsfähigkeit eines Menschen davon abhängt, ob er zur Arbeit auf dem zweckmäßigen oder auf einem falschen Stuhl sitzt. Nun aber der Stuhl in der Wohnung! Man kann ja nicht verschiedene Stühle zu allen möglichen Zwecken haben, sondern auf dem gleichen Stuhl soll gegessen werden, soll das Kind Schularbeiten machen, die Frau nähen, der Mann seine Privatbriefe schreiben, und ein Gast eine Tasse Kaffee trinken.

Jeder mag sich das beliebig weiter ausmalen. Der Schrank für Kleider, Wäsche, Spielsachen, Geschirr, der Tisch als „Mädchen für alles" usw. Und weiter: das Zimmer, das der einen Familie als Schlafzimmer. der andern als Tagesraum für Hausfrau und Kinder, der dritten als Arbeitszimmer des Vaters dient — die Wohnung, die einmal für ein kinderloses Ehepaar, einmal für eine fünfköpfige Familie, einmal für Menschen dienen soll, die alle den größten Teil des Tages unterwegs sind, das andre Mal für einen Mann, der zu Hause arbeitet oder für eine kränkliche ans Zimmer gefesselte Frau usw.

Nun kann man sagen: in vernünftigen Grenzen kann man bei alledem gewisse Verschiedenheiten berücksichtigen, und kann dabei auf einige Normaltypen von Möbeln und Wohnungen kommen, die für die große Mehrzahl der typischen und häufigsten Zwecke ausreichen und sich einfach anpassen lassen. Und in der Tat haben die Baumeister der modernen Richtung, wenigstens soweit sie sozial eingestellt sind, mit unendlich fleißiger Gedanken- und Versuchsarbeit hier schon Großes geleistet. Aber eines bleibt übrig, und ist bis heute noch kaum begonnen, geschweige denn geklärt:

Nämlich: eine Wohnung soll ja auch eine große Zahl s e e l i s c h e r Z w e c k e erfüllen. Man will zu Hause etwas anderes sehen als im Beruf. Man will zu Hause sich erholen, will, allein oder mit Angehörigen oder Freunden, sich freuen können. Man will seine Ruhe haben und das Gefühl, wenigstens hier sein eigener Herr zu sein.

Hier ist wahrscheinlich der Punkt, aus dem der innere Widerstand weiter Kreise auch gerade der erwerbstätigen Massen gegen das neue Bauen zu erklären ist, ein Widerstand, der nichts zu tun hat mit dem Bedürfnis, eine höhere Schicht nachzumachen, von dem wir an andrer Stelle sprachen, der vielmehr entsteht aus dem unbewußten Wunsch nach einer wirklich vollkommenen, hundertprozentigen Zweckmäßigkeit, die auch die sozialen und seelischen Bedürfnisse kennt, anerkennt und befriedigt.

Männliche und weibliche Wohnung

Es gibt eine Reihe von Worten, die alle eine bestimmte Art von älteren Gewohnheiten und Bedürfnissen des Wohnens bezeichnen: das „Heim", in dem man sich „heimisch" fühlt, die „behagliche" „Häuslichkeit", die „bequeme" „wohnliche" Ausstattung mit der „gemütlichen" Ecke. Von den modernen Wohnungseinrichtungen behauptet man vielfach, sie seien das Gegenteil hiervon. Sehr bezeichnend ist der bekannte Witz, daß der Verkäufer im Möbelgeschäft dienstbeflissen fragt: „Wünschen gnädige Frau ein modernes Zimmer? oder soll's mehr etwas Behagliches sein?" Er kann sicher sein: wenn die „gnädige Frau" Wert darauf legt, immer das Neueste von der Mode mitzumachen, wird sie zwar „etwas Modernes" verlangen, fast in allen andern Fällen aber eher „etwas Behagliches". Beim Mann als Einkäufer könnte man das nicht mit solcher Sicherheit behaupten. Und das kann wohl kaum ein Zufall sein. Vielmehr ist es wohl nur natürlich, daß der Mann, besonders unter den heutigen gesellschaftlichen Verhältnissen, andere Wohnbedürfnisse hat wie die Frau. Zum mindesten ist das so in den Schichten des gehobenen Mittelstandes, die als Käufer noch am ehesten Einfluß haben auf den Geschmack der Produktion.

Man hat viel über die verschiedene Psychologie von Mann und Frau gestritten. Man hat gemeint, sie sei ein für allemal durch den natürlichen Geschlechtsunterschied gegeben und unabhängig von den gesellschaftlichen Verhältnissen. Man hat umgekehrt auch nachzuweisen versucht, daß die Charaktereigentümlichkeiten, die wir heute als typisch männlich und typisch weiblich zu empfinden pflegen, ausschließlich ein Produkt der gesellschaftlichen Verhältnisse seien, und es sind Beispiele aus alten und exotischen Verhältnissen angeführt worden, wo die Frauen die gesellschaftliche Herrschaft, z. T. sogar einschließlich des Kriegswesens, in Händen hielten und dadurch alle die Eigenschaften an sich gehabt haben sollen, die man heute als die typisch männlichen anzunehmen pflegt. Die Wahrheit wird wohl in der Mitte liegen. Schon allein die stärkere Naturgebundenheit der Frau, wie sie sich in der monatlichen Periode und im Austragen und Gebären der Kinder zeigt, kann nicht ohne Einfluß auf den Charakter bleiben. Auch wenn die Frauen einer bestimmten Gesellschaft zu besonderer Härte gegen sich selbst von klein auf erzogen werden, und also den Schwächezuständen, die sich aus jenen Naturbindungen ergeben, verhältnismäßig wenig nachgeben müssen, so ist doch auch eben damit schon eine Bestimmung des Charakters gegeben. Zwar mag diese weit abweichen von der Vorstellung, die unsere Eltern von Frauenart hatten, dem Typus des heutigen Sportmädchens aber steht sie z. B. schon sehr viel näher und kann jedenfalls noch lange nicht als etwas „Männliches" bezeichnet werden.

Wie gesagt: die Wahrheit wird wohl in der Mitte liegen, das heißt, wie bei jedem einzelnen Menschen, so werden wohl auch bei den beiden Geschlechtern Naturanlage und gesellschaftlicher Einfluß immer sich zu einer Gemeinschaftswirkung verflechten, die nicht restlos in ihre einzelnen Teile aufgelöst werden kann. Und was man auch über die sog. Vermännlichung der Frau in unserer Zeit geschrieben hat: jeder Blick in neu eingerichtete Wohnungen aller Schichten und jede Auskunft des Verkaufspersonals, das mit dem Absatz von Möbeln und Einrichtungsgegenständen aller Art zu tun hat, beweisen jedenfalls, daß die Nachfrage der Frau von heute, auch der erwerbstätigen und der sporttreibenden Frau, in allen Dingen der Gestaltung ihrer näheren Umgebung deutlich beeinflußt ist von der weiblichen Naturgebundenheit. Während der Durchschnitt der Männer erfahrungsgemäß dem Aussehen der Wohnung verhältnismäßig gleichgültig gegenübersteht und kein sehr lebhaftes Bedürfnis nach all den Dingen zeigt, die man unter den Schlagworten „Behaglichkeit, Wärme, Schönheit" zusammenfaßt, ist die Frau mehr oder weniger noch immer darauf aus, ihre Wohnräume, nötigenfalls auch mit bescheidenen Mitteln, „ein bißchen hübsch" zu machen.

Für eine weitere Perspektive könnte man sich vielleicht einen Zustand ausmalen, der durch äußerste Gegensätze charakterisiert ist, die natürlich keineswegs die breite Masse der Wohnräume, sondern nur

Abb. 29: Wohn-Schlaf-Raum, Berlin 1929.
Entwurf Hans und Wassili Luckhardt.

ihre am schärfsten ausgeprägten Formungen kennzeichnen werden, Gegensätze nämlich etwa in folgender Art: der Wohnraum des Mannes in äußerster Einfachheit, um nicht zu sagen Nüchternheit, ohne Schmuck, sachlich und zu irgendeiner privaten Arbeit, Lesen, Schreiben, Basteln, geeignet, freilich nicht ohne Bequemlichkeit. Der Wohnraum der Frau weicher, behaglicher, mit einigen von den kleinen Dingen, die den Frauen so wichtig sind, Blumen, ein paar Vasen, farbige Decken und Kissen; geeignet weniger zur Arbeit, mehr als Empfangsraum für Gäste, besonders als Empfangsraum für den Mann als Ehemann oder Liebhaber, der im letzten Sinne vielleicht immer nur ein Gast der Frau ist, und der dies in einer Gesellschaft, die die Rechte und die Selbständigkeit der Frau und des Kindes nicht nur juristisch, sondern auch wirtschaftlich und sozial anerkennt und schützt, vielleicht immer mehr sein wird.

In einer solchen reinen Ausprägung der gegensätzlichen Typen männlicher und weiblicher Wohnung ist wohl eines der Entwicklungsziele der heutigen baukünstlerischen Bewegung zu erblicken. Man erkennt leicht, daß hiermit auch der höhere Ausgleich der Gegensätze „schön" und „zweckmäßig" gegeben ist. Denn so wenig zwischen dem männlichen und dem weiblichen Prinzip in der Welt ein absoluter Gegensatz besteht, beide vielmehr in jedem einzelnen Menschen sich in verschiedener Weise mischen — so wenig sind die hier aufgestellten Gegensätze einer männlichen und einer weiblichen Wohnweise als absolute Gegensätze aufzufassen; weder brauchte die männliche unschön noch die weibliche unzweckmäßig zu sein. In einer vom Gedanken der gesellschaftlichen Arbeit beherrschten Gesellschaft wird kein Haus und keine Wohnung vor dem Urteil bestehen können ohne zweckmäßig zu sein. Da aber der Sinn einer solchen Gesellschaft und das eigentliche Ziel des Sozialismus die Befreiung des Menschen durch gesellschaftliche Arbeit ist, so wird kein Haus und keine Wohnung als vollkommen zweckmäßig anerkannt werden, wenn nicht das Bedürfnis des Menschen nach Schönheit und Freude in die Zwecksetzung aufgenommen und befriedigt ist.

Beispiele

Macht man sich solche Zusammenhänge unbefangen klar und denkt man dabei zurück an das, was früher über die Entwicklungstendenzen der Familie und ihre Rückwirkung auf den Wohnungsbau gesagt wurde, so sieht man, daß diese Dinge in tiefere Schichten des menschlichen Seelenlebens hinunterreichen als es ein Ästhetentum, das an der äußeren Form kleben bleibt, je begreifen wird. Auch die Künstler und Handwerker, die unsere Wohnungen und Einrichtungen zeichnen und herstellen, wissen gewöhnlich kaum etwas von diesen Hintergründen ihrer eigenen Arbeit. Am lebendigsten ist ein solches Bewußtsein heute bei der modernen Richtung entwickelt, z. B. bei den Mitarbeitern des Dessauer Bauhauses und bei manchen anderen, die in ähnlicher Richtung wirken. Hier ist das Nachdenken über die eigene Arbeit vor allem beherrscht von dem erwachten Bewußtsein des Industriezeitalters, des Zeitalters der Massenproduktion und der sozialen Massenbewegungen; daneben, und zum Teil in Verbindung damit, sucht man sich allmählich klar zu machen, welches die wahren Bedürfnisse des heutigen Menschen in Bezug auf die Wohnung sind, man sucht, wie das in der Sprache der Kunsttheorie ausgedrückt wird, die „Funktion" nicht nur des Hauses und des Wohnraumes, sondern der einzelnen Einrichtungsteile zu verstehen, weshalb man von dem „Funktionalismus" als Schule oder Richtung der Architektur und des Wohnungsgewerbes spricht.

Diese Strömungen sind natürlich nicht überall zu voller Klarheit durchgebildet. Sie eilen zum Teil dem Bedarf, richtiger gesagt der Bewußtseinsentwicklung im Käuferpublikum, voraus.

Man kann daher über die Wohnungseinrichtungen, wie sie z. B. unsere Bilder zeigen, sehr verschiedene Urteile hören. Dabei muß man bedenken, daß die Stühle dieser Wohnung mit Ausnahme eines Polstersessels, der eigentlich nicht ganz hereinpaßt, aus Stahlrohr mit Gurtenbespannung hergestellt sind; auch das Gestell des Tisches, der auf dem

Abb. 30: In der Wohnung des Regisseurs Erwin Piscator, Berlin 1929.
Entwurf Marcel Breuer.
„Wenig Möbel, meist Glas, und Metall, leicht beweglich, leicht zu reinigen."

Bild S. 132 im Vordergrund zu sehen ist, besteht aus Stahlrohr und seine Platte ist, wie man an der Spiegelung erkennen kann, aus Glas. Das ist diejenige Art von Wohnungseinrichtung, die heute noch von vielen Menschen, und überwiegend von den Frauen, als „kalt", als „ungemütlich", als „peinliche Erinnerung ans Krankenhaus" abgelehnt wird. Auf der anderen Seite liegen die Vorzüge nahe: man hat keine Staubfänger in der Wohnung, die Reinigung ist sehr erleichtert (freilich vielleicht mit Ausnahme der Glasplatte), Licht und Luft können überall hindringen und es gibt keine unkontrollierbaren Ecken und Winkel, in denen sich Schmutz und kleines Gerümpel ansammeln kann. Wer diese Stahlrohrstühle einmal in der Hand gehabt hat, weiß außerdem ihr geringes Gewicht zu schätzen, sie sind mit Leichtigkeit von einer Stelle auf die andere zu transportieren, und da sie am Fußboden keine Kratzer verursachen, braucht man sie nicht einmal zu tragen, sondern kann sie mit einem Finger hierhin und dorthin schieben. Das entspricht der Beweglichkeit des Menschen von heute, der viele Stunden seines Lebens regelmäßig auf der Eisenbahn, auf der Elektrischen, im Auto, auf dem Fahrrad zubringt und sich weit von der Seßhaftigkeit (das Wort im engsten wie im weiteren Sinne genommen) eines Bauernvolkes entfernt.

Ist nun eine derartige Wohnung „kalt"? Man kann wohl kaum darüber streiten, daß solche Bezeichnung ihre Gründe hat. Die Frage ist nur, ob man sie im ablehnenden Sinne gebraucht. Auch der Freund eines solchen Wohnungsstils wird zugeben, daß derartige Möbel „kühl" wirken, aber er wird dies als einen Vorzug betrachten, und wird z. B. hinzufügen, daß sie jedenfalls auch „hell" wirken, also nicht etwa unfreundlich oder hart. Immerhin bleibt für das, was wir oben über das Ruhebedürfnis und seine Erfüllung in der Wohnung gesagt haben, bezeichnend, daß auch in dieser kühlen Umgebung von Metall und Glas der Diwan mit Kissen nicht fehlt. Ein besonders schöner Stahlrohrstuhl ist der, den wir in (Orig.-Ausgabe, 126) zeigen; das Bild läßt die Lichtreflexe auf dem vernickelten bzw. verchromten Metall erkennen. Neben den anderen schon geschilderten Vorzügen hat dieser Stuhl von Mies van der Rohe noch die Eigentümlichkeit, daß er ein klein wenig federt: man kann vielleicht sagen, daß auf diesem Stuhl nur ein Mensch

Abb. 31: Plakat der Werkbundausstellung „Die Wohnung", Stuttgart 1927 (Weißenhofsiedlung).
Entwurf von Willi Baumeister, Ludwig Mies van der Rohe, Werner Gräff.
„Eine Wohnung alter Art, voll von Plunder, unpraktisch im Gebrauch, unruhig in den Linien."

sich wohl fühlen wird, dem die ständige leichte Anspannung modernen Lebens, das Gefühl des Federns und der Schnellkraft noch im Ruhezustand zur Existenzbedingung, zum unentbehrlichen Bestandteil seines Lebensgefühls geworden ist.

Den ganzen Abstand zwischen dem bewußt modernen industriellen Geist, aus dem solche modernen Wohnräume stammen, und dem sonderbaren Wust, mit dem unsere Großeltern sich zu umgeben liebten, kann man in unserer Abbildung S. 134 erkennen. Dies ist kein Trödelladen, sondern eine veritable, bürgerliche, wohlhabende Wohnung alten Stils, deren Bild man, kreuz und quer durchgestrichen, als Plakat der Stuttgarter Werkbundausstellung 1927 verwandt hat. Zweifelhaft, ob jemand aus der heutigen Generation etwas derartiges noch als „warm" oder gar als „gemütlich" empfinden kann; jedenfalls ist es dunkel, unbequem, eine unendliche Mühsal es sauber zu halten, eine ständige Angst, irgendwo anzustoßen und irgend etwas kaputt zu machen.

Wenn es also auch klar ist, daß von uns heute lebenden Europäern niemand mehr so wohnen möchte — so wenig heute eine normale Frau in der langen Kleidung von 1900 oder 1910 zur Arbeit aus dem Hause gehen möchte — so wird der eigentliche Charakter des modernen Stils doch erst an einem anderen Gegenbeispiel klar. Wer unser Bild S. 136 nur flüchtig ansieht, glaubt ohne weiteres eine moderne Wohnung vor sich zu haben: wenig Möbel, keine überflüssigen Gegenstände, einfache Linien, ein einziges Bild an der Wand. Eine genauere Betrachtung zeigt sogleich den Irrtum. Um nur einiges zu nennen: die Decke auf dem Flügel gibt vor, die kostbare Politur zu schützen, in Wahrheit ist natürlich sie selbst ebenso schutzbedürftig, und so wenig die Politur einen Kratzer bekommen darf, so wenig darf auch die Decke einen Fleck bekommen. Im Grunde ist der praktische Zweck hier nur ein Vorwand, um außer dem Flügel, von dem ein Stückchen unbedeckt bleibt, auch noch die schöne Decke zu zeigen, die man sich hat anschaffen können. Der Leuchter ist in seinen Formen alten, an sich hübschen Kerzenleuchtern nachgeahmt. Kerzenlicht hat gewiß seine besonderen künstlerischen Schönheiten, dieser Leuchter aber trägt nur zum Schein Kerzen, in Wahrheit ist elektrisches Licht einmontiert, also ein Schwindel,

Abb. 32: „Bürgerliches Musikzimmer; einfach, aber nicht modern."

den kein Moderner machen würde. Das Tischchen hat zwischen seinen vier Beinen Querleisten, auf die man natürlich der Politur wegen beileibe nicht die Füße aufsetzen darf, was doch manchmal ganz bequem wäre, die dafür aber eine ständige Gefahr bilden, an den Tisch anzustoßen. Und die Tischbeine selbst sind in einer ganz unsinnigen Weise gedreht; das staubwischende Dienstmädchen muß doch auch etwas zu tun haben, aber natürlich gibt es auch heute noch Frauen, die eine solche unsinnige Arbeit gern auf sich nehmen.

Das Bauen als Kunst

Die bürgerlichen Kulturphilosophen lieben es, die Kunst als ein Ding für sich zu betrachten, womöglich jede einzelne Kunst als ein besonderes Ding für sich, geschaffen nicht nur, sondern auch in allen Einzelheiten bestimmt vom G e n i e, das unbegreiflich vom Himmel fällt. Manche reden dabei lieber vom großen einzelnen genialen Schöpfer, manche ziehen ein noch weniger greifbares „Volksgenie" vor.

Es gibt bürgerliche Kulturphilosophen noch heute — wenn auch diese Richtung ein wenig aus der Mode gekommen ist —, die sich die gesamte Kulturgeschichte so vorstellen, daß die eigentlich entscheidenden Leistungen auf dem Gebiet der K u n s t entstehen, geschaffen von irgendwelchen „Gottbegnadeten", und daß alles andere, soweit es überhaupt wert sein soll, als geschichtlich wichtig betrachtet zu werden, nur eine Wirkung dieser Kunstgenies ist, nur abgeleitet von ihnen ist — oder sonst eben sinnlose und uninteressante Massenerscheinung, mit der feinere Leute sich nicht abgeben.

Daneben gibt es andere, die behaupten, die wichtige Leistung auf dem Gebiet der Kultur sei immer nur das R e l i g i ö s e, von der Religion stamme alles andere ab, die Dichtung, die Baukunst, die Politik bis „hinunter" zu der täglichen Lebensführung von uns armen Massenmenschen, die wir keine Heiligen und Propheten sind.

Neuerdings sind freilich andere Ansichten moderner geworden, nach denen die ganze geistige und künstlerische Kultur eben doch gesellschaftlich bestimmt ist: etwa so, daß das Gewebe (um einen Vergleich zu gebrauchen) in seinem Stoff und seiner Stärke bestimmt wird von den gesellschaftlichen Verhältnissen, während das Genie nur die Farbe und etwa das Muster abgibt. Aber in der Regel geschieht mit solchen Gedankengängen nur eine Schiebung. Denn entweder wird nachher bewiesen, daß es eben doch der „große Mann" ist, auf den alles ankommt, nur nicht gerade das künstlerische oder religiöse Genie, sondern etwa der geniale Politiker oder der geniale General oder schließlich der geniale Spekulant, was man heute so den „Wirtschaftsführer" nennt. Oder aber, wenn weniger vom Genie die Rede ist, dann hat die Schiebung einen anderen Sinn, dann wird nämlich vom „Volksgeist" gesprochen, oder von der „geschichtlichen Überlieferung" oder sonst von etwas wenig Kontrollierbarem und vor allem Altüberkommenen, mit dem man neue und revolutionäre Gedanken, die aus der revolutionären Umschichtung der Gesellschaft entspringen, totmachen möchte.

Nun gut. Wir wollen diese Schiebungen nicht mitmachen. Wir bezweifeln zwar nicht die Existenz des Genies, auf keinem Gebiet, aber wir denken doch, daß es in der Art seines Schaffens und in der Möglichkeit zu wirken abhängig ist von den gesellschaftlichen Verhältnissen. Und wir wissen sehr wohl, daß die geschichtlich gewordenen Volkseigentümlichkeiten ihren Sinn, ihren Reiz und auch ihre Wirkung haben, und daß ebenso auch die Überlieferung aus alten Zeiten mitwirkt. Aber wir wissen genauer, was es mit diesen gesellschaftlichen Kräften auf sich hat; und vor allem: wir als Sozialisten können klar aussprechen, was die bürgerlichen Kulturphilosophen nicht wagen dürfen zu wissen oder zu sagen: daß alle Geschichte bisher eine Geschichte von Klassenkämpfen ist, einschließlich der Geschichte der Künste, und daß gerade die heutige bürgerliche Gesellschaft die Revolution in sich trägt, die technische, die wirtschaftliche, die gesellschaftliche und auch die künstlerische Revolution.

Nun ist allerdings die Rolle der Kunst in der gesellschaftlichen Entwicklung nicht leicht näher zu bestimmen. Sie steht dem klaren übersehbaren Unterbau, den technischen und wirtschaftlichen Produktionsverhältnissen schon recht fern, und immer ist sie von den herrschenden Klassen her beeinflußt von Gedanken und Wünschen, die schon Jahrzehnte oder Jahrhunderte früher geboren wurden. Immer hat es Künstler gegeben, die von ihrer eigenen Zeit weit entfernt waren, entweder weit hinter ihr zurück, mit der Sehnsucht nach einer „schöneren" Vergangenheit, oder ihr voraus, als Seher einer kommenden neuen Welt.

Solche Sonderlinge, die denn auch meist zu Lebzeiten keine gesellschaftliche Wirkung hatten, trifft man besonders unter den Musikern, aber auch unter den Dichtern, Malern und Bildhauern. Am wenigsten sind sie unter den Baumeistern zu finden. Das ist sehr begreiflich, wenn man bedenkt, daß zum Dichten an materiellen Hilfsmitteln so gut wie nichts, allenfalls Papier, Tinte und Feder, nötig ist, zum Malen auch nur wenig, Leinwand und Farbe — namentlich seitdem die Malerei aufgehört hat, Wandmalerei zu sein und also immerhin die Wand eines Gebäudes zu brauchen.

Zum Bauen aber waren immer materielle Hilfsmittel in großem Maße nötig, oder vielmehr: das B a u e n war immer, viel mehr als alle andern Künste, zugleich und in der Hauptsache ein Vorgang der m a t e r i e l l e n P r o d u k t i o n. Gewiß dienen alle Künste einem Bedürfnis, und sie alle sind ursprünglich gesellschaftliche Leistungen. Die Dichtung war in alten Zeiten Arbeitslied, Liebeslied zur Werbung, und religiöses Lied zur Versöhnung der unbekannten Naturgewalten — alle diese Zwecke waren damals gesellschaftlich notwendig, und mindestens einer davon hat auch heute noch seinen gesellschaftlichen Sinn. So war der Tanz ebenfalls Werbung oder religiöses Opfer, die Malerei war entweder Beschwörung oder Mitteilung oder Verherrlichung eines Monarchen oder Festhalten von Erinnerungsbildern.

Aber für alle diese Künste kam einmal, früher oder später, die Zeit, wo sie sich in hohem Grade — allerdings niemals ganz — loslösten aus dieser Bestimmung zu konkreten gesellschaftlichen Zwecken, und wo sie mehr eine Sache des individuellen Künstlers wurden, ein Mittel des Einzelmenschen, sich auszusprechen, seinem Herzen, das vom Schicksal oder vom Überschwang der Gefühle bedrängt ist, Luft zu machen, den Mitmenschen zum Mitfühlen anzuregen, ihm Bilder zu zeigen, die man im wachen Traum gesehen hat und die nun der andere auch sehen soll.

Das ist vielleicht die eine große Hauptlinie der künftigen Kunstentwicklung: daß sie als eine der großen sozialen, menschenverbindenden Mächte hilft, die Schranken niederzureißen, die jeden einzelnen von allen andern trennen, daß sie hilft, von Mensch zu Mensch zu sprechen und zu fühlen, Bilder der Fantasie gemeinsam zu machen, die den starren Eigenwillen und Eigentumswillen auflösen und zu gemeinsamem Handeln vorwärtstreiben.

Vorläufig allerdings hat die Kunst einen Markt. Vorläufig hat das Kapital die Künstler in weitestem Umfange zu seinen bezahlten Lohnarbeitern gemacht. Sie können nur das auf den Markt bringen, was den

Interessen des Kapitals nicht zuwiderläuft, und außerdem auch noch verlangt und gekauft wird.

Das Bauen ist etwas anderes. Der Maler kann für ein paar Mark Leinwand und Farbe kaufen und malen was ihm paßt; der Musiker setzt sich im Notfall an ein geborgtes Klavier und fantasiert sich etwas zurecht; der Dichter kann seine Verse noch auf die Rückseite einer unbezahlten Gasrechnung schreiben. Das alles geht zur Not, wenn es auch nicht das Richtige ist. Der Baukünstler kann nicht hergehen und auf irgend einem freien Platz, der ihm gefällt, anfangen ein Haus zu bauen, das er sich ausgedacht hat.

Er kann mit dem Bleistift auf dem Papier entwerfen, gewiß. Aber das ist noch nicht gebaut. Wenn gebaut werden soll, so kostet der Platz Geld, das Bauen kostet Baustoffe und Arbeitslöhne, also noch einmal Geld. Die B a u k u n s t ist deshalb stärker als irgend eine andere Kunst, stärker sogar als das Theater, w i r t s c h a f t l i c h g e b u n d e n. Die wirtschaftlichen Mittel zum Bauen werden aber nur zur Verfügung gestellt, wenn für einen Z w e c k gebaut wird. Daß ein Baumeister sich selbst eine Villa baut, das hat zwar seinen Zweck, aber dazu ist man nicht Baumeister. Und je mehr ein Baumeister wirklich von Natur Künstler ist, desto mehr will er ja auch bauen. Die Gesellschaft aber muß ohnehin immerzu bauen: Fabriken, Wohnungen, Krankenhäuser, Bürohäuser und Gefängnisse. So ist das Bauen viel stärker als irgend eine andere Kunst an den Zweck gebunden. Oder vielmehr: es ist zunächst einmal gar nicht Kunst, wie Dichten oder Musikmachen, sondern es ist handgreifliche materielle Produktion, Produktion zu wirtschaftlichen Zwecken und unter wirtschaftlichen Bedingungen, an der sich nur eben künstlerische Tätigkeit entfalten k a n n. Nicht einmal: sich entfalten m u ß; denn das meiste, was gebaut wird, wird ohne alle „Kunst" gebaut, nach alten Handwerksregeln oder nach modernen Ingenieurberechnungen.

Daß es manchmal Bauwerke gibt, deren Zweck überhaupt nicht einzusehen ist — wie etwa die wilhelminischen Aufbauten auf einer Brücke in Berlin — das ist natürlich kein Gegenbeweis.

So ist die B a u k u n s t in viel stärkerem Maße das geblieben, was ursprünglich einmal alle Künste waren: eine F u n k t i o n d e r G e s e l l s c h a f t, und ist nie ganz das geworden, was fast alle anderen Künste in der kapitalistischen Gesellschaft (und z. T. schon früher) geworden sind: ein Tummelplatz des scheinbar aus der Gesellschaft losgelösten Individuums. Nur das Theater kann noch etwas annähernd ähnliches von sich behaupten.

Und das ist gut so. Denn auf diese Weise hat die rein persönliche Schwärmerei oder Schrulligkeit des Individuums auf die Architektur niemals übermäßigen Einfluß gewinnen können, und so ist auch der Betrachter in der Lage, aus der Architektur viel sicherer als aus allen anderen Künsten auf den Zustand der Gesellschaft zu schließen, in der das einzelne Bauwerk entstanden ist.

Die herrschende Ideologie einer Gesellschaft ist die Ideologie der herrschenden Klasse. Dieser Satz bewährt sich auch hier. Auf die Baukunst übertragen würde er etwa heißen: der herrschende Baustil einer Gesellschaft ist der Baustil der herrschenden Klasse.

Was versteht man unter Stil, besonders unter B a u s t i l ? Die bürgerliche Kunstlehre vom Ende des vorigen und vom Anfang dieses Jahrhunderts, die auf den Technischen Hochschulen heute noch die überwiegende Herrschaft hat, verstand darunter im Grunde die Art, wie der Körper eines Gebäudes ausgeschmückt war. Der Körper eines Gebäudes schien ihr im wesentlichen vom Zweck gegeben: ein Wohnhaus hat einen viereckigen Grundriß und ist in Stockwerke eingeteilt, eine Kirche ist eine große Halle, in der Regel in Form eines Kreuzes, mit Plätzen für Altar, Orgel und Kanzel, ein Schloß hat neben einem Hauptteil noch zwei oder mehrere Seitenflügel und ist um einen Schloßhof oder ein Stück Park herumgebaut. So ungefähr, ein wenig übertrieben allerdings, denn man wußte aus der Kunstgeschichte immerhin, daß gewisse Zeiten auch schon im Grundriß sehr erhebliche Unterschiede zeigten, so z. B. wurden zeitweise Kirchen mit nur einer langgestreckten Haupthalle gebaut und später wurden dann an dieses sog. Mittelschiff links und rechts die schmäleren und niedrigeren Seitenschiffe angefügt. Solche Dinge wußte man wohl in Fachkreisen, aber was dem breiteren Publikum und den armen Kindern in der Schule eingepaukt wurde, das war eben im Grunde dies: Stil ist die Art, wie der Baukörper verziert wird.

Nun kann man gewiß, das ist zuzugeben, an dieser äußerlichen Verzierung oft am raschesten und bequemsten den Stil eines Bauwerks erkennen. Also z. B. sieht man den Rundbogen des Mainzer Doms gleich an, daß dies ein anderer Stil ist, als die Türme und Pfeiler des Ulmer Münsters, nämlich jenes der sog. romanische, dieses der gotische Stil. Wieder etwas anderes ist z. B. das Berliner Schloß in seinem Hauptteil, dessen Stil man Barock nennt, oder das Schlößchen von Sanssouci im Rokokostil. In allen diesen Fällen ist schon an äußerlichen Merkmalen, die ohne weiteres jedem in die Augen fallen, der Stilunterschied erkennbar. Um nur einiges anzudeuten: im romanischen Stil sieht man, neben den erwähnten Rundbogen, wie stark alle Linien betont sind, die mit dem Horizont gleichlaufen, es ist sozusagen Kasten auf Kasten gesetzt. Am gotischen Bau, der im Lauf von wenigen Jahrzehnten von Frankreich aus die romanische Bauweise ablöste, sieht man dagegen neben den Spitzbögen überall die Linien, die von der Erde zum Himmel führen; man hat solche Bauten oft mit einem Wald aus Baumstämmen verglichen, nicht ganz treffend, denn nur bei wenigen Baumarten gehen auch die Äste und nicht nur die Stämme so einheitlich in die Höhe. Im Barockbau fallen wieder die breiten wagerecht liegenden Massen auf, aber diesmal sind sie nicht durch rundbogige Fenster unterbrochen, sondern gegliedert durch Pfeiler und viereckige, vielfach verzierte Fenster. Dem Rokoko endlich sind die sanften breitgeschwungenen Kurven eigentümlich, Kurven im Bauwerk selbst und solche, die als Verzierungen, meist ganz sparsam, angebracht sind.

Das alles sind wie gesagt Dinge, die man ohne Schwierigkeit, wenn man ein wenig aufpaßt, von weitem sehen kann. Aber sie machen nicht den Stil aus. Der entsteht vielmehr aus technischen, wirtschaftlichen und gesellschaftlich-ideologischen Voraussetzungen, und nur wenn man die versteht, versteht man auch einen Baustil, nur dann kennt man ihn wirklich. Dann sieht man auch, daß die wichtigsten Stilunterschiede sich im Grundriß und nicht in den Verzierungen zeigen.

Als das Bürgertum in Deutschland zur Herrschaft kam, — wobei es sich mit der alten Feudal- und Militäraristokratie in die Macht teilen mußte, — da veranstaltete es ein wahres Kostümfest der Architektur, dessen Geschmacklosigkeiten noch heute in allen großen und vielen kleinen Städten steinern herumstehen und uns, je nach Temperament, zum Lachen bringen oder nervös machen. Das hatte natürlich seine Gründe.

Wenn sich heute der Buchhalter Schulze aus Pankow eine Ritterrüstung des 12. Jahrhunderts anziehen und so ins Geschäft gehen würde, so würde man ihn an der nächsten Ecke wegen groben Unfugs auf die Polizeiwache holen, und wenn sich herausstellen sollte, daß er allen Ernstes dabei bleibt, er finde das am schönsten und er habe auch gar nichts anderes anzuziehen, so würde man ihn auf seinen Geisteszustand untersuchen. Von diesem Vergleich trifft auf die Bourgeoisie des neuen deutschen Reichs nach 1870 jedenfalls das eine zu: sie hatte geistig in der Tat „nichts anderes anzuziehen" als die abgelegten Kleider früherer Zeiten. Auch fand sie sich schön darin. Aber sie war keineswegs verrückt. Und darum hinkt der Vergleich auf einem Bein.

Suchen wir also einen anderen! Was würde man von einem Menschen denken, der heute in der Uniform und vollen Kriegsbemalung eines Kriegsgenerals auf der Straße herumläuft? Oder auch: was sagen wir von einem kaufmännischen Lehrling, der sich in seinen Freistunden eine Studentenmütze aufsetzt, einen Glasscherben ins Auge klemmt, und im billigen Konfektionsanzug den dicken Willem markiert? Wir nennen so etwas einen Affen, und wir wissen, er wirft seinen Blick sehnsüchtig nach „oben", nach den von ihm verehrten herrschenden Gesellschaftsklassen, er möchte möglichst als „etwas Besseres", als ein Glied der „Herrenschicht" angesehen werden.

Beide Vergleiche passen zu ihrem Teil auf das Bürgertum des neuen deutschen Imperialismus. Es hatte und schuf keinen eigenen Stil, und es sah mit Neid, Nachahmungstrieb und allen sonstigen Parvenugefühlen auf das „Feinere", mochte es nun die Lebensform der alten Militär- und Feudalaristokratie sein oder der Baustil der Fürsten längst vergangener Zeiten. In der wirtschaftlichen und politisch-imperialistischen Entwicklung zurückgeblieben hinter den älteren großbürgerlichen Klassen Englands und Frankreichs, warf sich das deutsche Bürgertum nach der Gründung seines Reiches mit verdoppelter Kraft auf die Aufgabe, diese Differenz auf wirtschaftlichem Gebiet einzuholen, es organisierte in rasender Geschwindigkeit die modernen Formen der Ausbeutung „seines" Proletariats, griff nach Kolonien, trat in den Wettkampf um Flottenrüstung, um Märkte im nahen und fernen Osten, und hatte über dieser fieberhaften Tätigkeit weder Kraft

übrig sich innerpolitisch gegen die Mächte des alten Feudalismus voll durchzusetzen, noch Zeit sich kulturell und ideologisch selbständig zu machen. Wilhelm II. war ein schon fast übertriebenes Beispiel für die innere Verfassung der herrschenden Klassen zur Zeit seiner Regierung, am meisten in seinen Bauten.
Erst ganz neuerdings, in kleinen Anfängen vor dem Kriege, in größerem Umfang nach dem Kriege, gibt es wieder Ansätze und Versuche zu einem Baustil. Sie tragen den Stempel der Zeit: nicht mehr das individuelle Geltungsbedürfnis des hochgekommenen Einzel-Unternehmers spricht sich in ihnen aus, sondern das Machtbewußtsein organisierter gesellschaftlicher Massenkräfte, des Trustkapitals auf der einen, der Arbeiterorganisationen auf der anderen Seite. Wir sprachen schon von dem Doppelgesicht der modernen Baukunst. In der nächsten Zukunft (und wohl noch auf lange Zeit) wird die Entwicklung des Baustils immer stärker beeinflußt werden von den Kräften, die inmitten der Dauerkrise der Gesellschaft das Schicksal der Städte, der Massensiedlungen des Industrieproletariats, gestalten. Mit ihnen wollen wir uns im Folgenden beschäftigen.

Schönheit oder / und Zweckmäßigkeit?
Grundsätzliche Vorbemerkung zum Städtebau

Eine der merkwürdigsten Erscheinungen der Gegenwart ist der Kampf um das Verhältnis zwischen Schönheit und Zweckmäßigkeit. Frühere Zeiten kannten diesen Kampf nicht. Sie suchten vielmehr immer, jede auf ihre Weise, das Schöne mit dem Zweckmäßigen zu verbinden, in allem was sie bauten oder an Geräten herstellten. Gewiß mit verschiedenem Erfolg. Denn z. B. eine Truhe des 13. Jahrhunderts ist vielleicht auch für unser Auge recht schön, aber sie ist wenig zweckmäßig: man muß sich immer bücken, wenn man etwas hineinlegen oder herausnehmen will, und da im Innern der Truhe keine Einzelfächer vorgesehen sind, hat darin alles immer aufeinander und sicher oft auch durcheinander gelegen. Oder die meisten Schreibtische des 18. Jahrhunderts sind insofern für unseren heutigen Begriff wenig zweckmäßig, als man sich an ihren Kanten unbedingt die Knie stoßen muß und keinesfalls mehrere Stunden lang daran sitzen und arbeiten möchte; aber ihr Hauptzweck war auch nicht die Arbeit, sondern das repräsentative Aussehen, das den Besitzer eines solchen Tisches als den Herrn und Gebieter auszeichnen sollte. Ähnliches gilt für die Ungeheuerlichkeiten früherer Moden, deren eigentlicher Sinn ebenfalls die Betonung des sozialen Abstandes war; und was die Schönheit anbelangt, so ist sie ja bekanntlich Geschmackssache. (Der Geschmack seinerseits aber, das soll doch auch noch gesagt werden, ist in hohem Maße Sache des Empfindens, also im Grunde des Klassengefühls.)

Jedenfalls aber war das Verhältnis zwischen Schönheit und Zweckmäßigkeit niemals Gegenstand der öffentlichen Diskussion. Erst mit der bürgerlichen Revolution in Frankreich tritt diese Frage ins Bewußtsein der Menschen ein. Doch beschränkte sie sich damals auf die menschliche Gestalt und Erscheinung. Damals drückte sich die demokratische

Auflehnung des Bürgertums gegen den überlebten Feudalismus aus in einer großen „Natürlichkeitsbewegung": man schaffte den Männerzopf ab und trug das Haar halblang, offen und ungepudert; die riesigen Frisuren der Damen fielen, der Reifrock wurde verdrängt durch das einfache „griechische" Gewand, und die Soldaten der Revolution ersetzten die höfische Kniehose (Culotte) durch die lange Hose, die sich bis heute erhalten hat, weswegen man sie „Sansculotten" (Ohnehosen) nannte.

Die Bewegung griff jedoch kaum über den Bereich der Tracht hinaus. Gewiß änderte sich auch der Stil der Bauten, der Möbel und Geräte, jedoch sehr viel langsamer und vorsichtiger. Und da insbesondere für Bauten die wirtschaftlich notwendige Zeit der Produktion und des Verbrauchs viel länger ist als für Kleider, so begannen sich die neuen Ideen hier erst durchzusetzen, als der Ansturm der bürgerlichen Revolution bereits gebrochen, durch den Bonapartismus abgelöst und schließlich in die Reaktionsbewegung der dreißiger Jahre des 19. Jahrhunderts zurückgeebbt war. So kam es zu keiner demokratisch-revolutionären, bürgerlich zweckmäßigen Bauweise, sondern statt dessen entstand die napoleonische Wiederbelebung des imperialistischen Barockstils und die kleinbürgerlich bescheidene, ganz auf Sparsamkeit gerichtete Bauweise der Biedermeierzeit.

Die kulturelle Unfähigkeit des jungen kapitalistischen Bürgertums besonders in Deutschland, die das 19. Jahrhundert etwa von seiner Mitte ab beherrschte, haben wir bereits geschildert. Sie zeigte sich, was das Verhältnis zwischen Schönheit und Zweckmäßigkeit angeht, darin, daß man von beiden keine Vorstellung mehr hatte und deshalb beiden ständig ins Gesicht schlug.

Die stürmische Entwicklung des jungen Kapitalismus war auch auf diesem Gebiet gekennzeichnet durch die Rücksichtslosigkeit, mit der alles unter den allein beherrschenden Gesichtspunkt der W a r e gestellt wurde. Eßgeräte, Möbel, Häuser, Grund und Boden — nichts als Waren. Schönheit — eine Ware. Ware muß verkauft werden. Ware darf also ja nicht allzu dauerhaft sein. Wenn sie kaputt ist, muß der Käufer von neuem erscheinen und kaufen. Also schlechtes Material, schlecht verarbeitet, billig herstellen, billig verkaufen, die Konkurrenz schlagen. Aber es muß auch nach etwas aussehen! Also ein wenig Schmuck drankleben! Stuck an die Häuser! Gedrehte Säulen an die Möbel, wacklige Gesimse, Leisten und Hohlkehlen und was dem Zeichner noch einfallen will! Die Maschine macht es ja so billig, massenhaft, kommt garnicht darauf an, sieht gefällig aus, direkt wie bei feinen Leuten. Auch Stil wird eine Ware, und damit das Geschäft in Gang bleibt, und man etwas vor der Konkurrenz voraus hat, muß man möglichst immer neue Stile „modern" machen. Renaissancemöbel gefällig? Französische Königsstile? Ein maurisches Rauchtischchen? Ein Schlafzimmer in Empire? Ein flämisches Herrenzimmer? Eine Küche mit aufgemalten Delfter Kacheln?

Es würde zu weit führen, im einzelnen zu erzählen, wie dann etwa von der Jahrhundertwende an der Rückschlag kam. Er kam von zwei Seiten. Aus den Kreisen des wohlhabenden Bürgertums und der Künstler einmal, von den Ingenieuren und Technikern andererseits. Die oberen Schichten der Bourgeoisie, nun schon Erben in der zweiten oder dritten Generation, gewannen Zeit, sich in älteren Kulturen umzusehen, begannen sich der Barbarei ihrer Väter zu schämen, und holten sich Künstler, die ihnen schöne Häuser und Möbel bauen sollten, sei es echt nach einem alten Stil oder gar in einer neuen, noch zu erfindenden Art. Außerdem sahen sie allmählich ein, daß sie es nicht nötig hatten, sich mit billigen Nachahmungen und maschinell hergestellter Massenware zu begnügen. Unter den Schlagworten „Handarbeit und echtes Material!" begann zuerst in England, später in Deutschland eine Bewegung, die sich hauptsächlich mit Möbeln, Stoffen, Geschirr u. dgl. beschäftigte. Romantik, zugespitzter Individualismus, Bedürfnis nach Wahrhaftigkeit, sinnliche Freude an den Schönheiten der Hölzer, Metalle, Gewebe, Glasuren — das alles bildete ein seltsames Gemisch in dieser Strömung. Für den breiten Massenbedarf waren die Dinge, die da erzeugt wurden, fast immer zu teuer. Diese Bewegung vollzog sich im Namen des guten Geschmacks, sozusagen unter dem Banner der „Schönheit". Daneben aber arbeiteten die Ingenieure und Techniker an ihren neuen Maschinen, Brücken, Fabrikbauten, Leuchttürmen, und gezwungen vom Gedanken der Wirtschaftlichkeit, der Kostenersparnis, des einwandfreien Funktionierens, machten sie Dinge, die ebenfalls mit dem aufgeblasenen Schund der Möbeltischler und der meisten Architekten nichts mehr zu tun hatten. Hier regierte die Zweckmäßigkeit. Und siehe da, es kamen Dinge zustande, die gut aussahen, einfach weil sie zweckmäßig waren, und weil bei ihrer Herstellung an nichts anderes als an die höchste technische und wirtschaftliche Zweckmäßigkeit gedacht war.

Es ist nicht schwer, beide Bewegungen aus dem allmählich erreichten Reifegrad des industriellen Hochkapitalismus zu erklären. In der bürgerlichen Kunstschriftstellerei, die sich ja die gesellschaftlichen Zusammenhänge solcher Erscheinungen nie ganz klar machen darf — wegen der klassenmäßigen Untergründe, auf die sie dann stoßen müßte — erhob sich jedoch eine umfangreiche Diskussion, die eine enorme Papierflut verbraucht hat. Viel interessanter als diese Diskussion ist aber die Beobachtung, in welcher Weise die tatsächliche Produktion sich entwickelt hat. Und da ist folgendes festzustellen: wenn man von den reinen Ingenieurerzeugnissen einmal absieht, so ist die Produktion von Kleingeräten des täglichen Gebrauchs (Eßgeschirr, Bestecke, Lampen, Bücher, Schreibzeug u. dgl.) am weitesten in der Richtung entwickelt, die durch eine neue Vereinigung von Schönheit und Zweckmäßigkeit gekennzeichnet ist. Die Möbelproduktion ist etwas langsamer gefolgt. Im Augenblick ist die Entwicklung beim Haus angelangt. Die Stadt aber folgt als letztes.

Die Stadt folgt als letztes in der geschichtlichen Reihenfolge. In der Reihenfolge der Wichtigkeit für das Leben nimmt sie freilich unter den hier aufgezählten Gebieten des Gestaltens den ersten Platz ein. Denn was an ihr unschön ist, stört das Lebensgefühl von Hunderttausenden; was an ihr unzweckmäßig ist, kostet jahraus jahrein Millionen wirtschaftlicher Werte, beeinträchtigt die Arbeitskraft, die Lebensfreude, die Gesundheit von Hunderttausenden und Millionen von Menschen.

Aber im historischen Ablauf der Dinge kann es nicht anders sein. Die neue Gestaltung der zugleich schönen und zweckmäßigen Stadt ist in noch viel stärkerem Maße, als es schon beim einzelnen Wohnhaus der Fall ist, abhängig von einer Änderung der allgemeinen gesellschaftlichen und wirtschaftlichen Verhältnisse. Die Interessen, die einer solchen Änderung entgegenstehen, widersetzen sich mit besonderer Zähigkeit gerade auch einer grundlegenden Umgestaltung der Großstädte. Sie sind verankert im Haus- und Grundbesitz und in den mächtigen Hypothekenbanken, die hinter den städtischen Hausund Grundbesitzern als Sachwalter des Finanzkapitals stehen. Wie sich diese Gegnerschaft im einzelnen auswirkt, werden wir noch sehen. Vorerst ist es nötig festzustellen, daß bei den Aufgaben des Städtebaues die Rücksicht auf die Schönheit bei weitem hinter dem Gedanken an die Zweckmäßigkeit zurücktritt. Schon bei der Darstellung der Entwicklung, die wir eben skizziert haben, wird bemerkbar geworden sein, daß offenbar ein einheitlicher, von allen Beteiligten gut gemeinter Grundgedanke für den geforderten neuen Ausgleich zwischen Schönheit und Zweckmäßigkeit noch nicht gefunden ist. Wir sprachen davon, daß die Menschen einer verwöhnten, wirtschaftlich herrschenden Schicht sich gegen die kulturelle Barbarei ihrer bürgerlichen Eltern und Großeltern auflehnten und nach einem neuen besseren Geschmack in den Formen ihrer Umgebung verlangten. Wir sprachen ferner davon, daß in Industrie und Technik neue Formen einer reinen Zweckmäßigkeit gestaltet wurden. Es ist nun vielfach versucht worden, beide Bewegungen miteinander zu verschmelzen, und zwar unter der Parole: schön ist, was zweckmäßig ist.

Aber diese Parole ist nie ohne Widerspruch geblieben. Man hat dann neuerdings den Satz dahin erweitert: schön ist ein Ding, das nicht nur zweckmäßig i s t, sondern dem man auch gefühlsmäßig sofort a n s e h e n kann, daß es zweckmäßig ist.

Nun mögen alle solche Diskussionen sehr interessant sein, unter Umständen auch für die Arbeiterfrau, die sich eine Kaffeekanne kauft, oder etwa für den Arbeiter in einer Möbelfabrik oder in einer Porzellanfabrik, der sich gern Gedanken über seine Tätigkeit macht. Aber je größer und je lebenswichtiger die Objekte sind — das Zimmer und seine Einrichtung, die Wohnung, das Haus, die Stadt —, desto unwichtiger werden solche Überlegungen gegenüber den technischen und wirtschaftlichen Fragen: Was kostet die Einrichtung? Kann das Zimmer geheizt und gelüftet werden? Wie teuer ist die Wohnung? Wie hoch sind die Baukosten für das Haus, und wieviel unnötige Mehrkosten infolge der kapitalistischen Wirtschaftsorganisation, wieviel arbeitsloses Einkommen steckt in diesen Baukosten? Wieviel arbeitsloses Einkommen.

besonders an Grundrente, wird durch das Zusammenleben von fünfhunderttausend oder einer Million oder vier Millionen Menschen in einer Stadt „verdient"? Wieviel Arbeitskraft, wieviel Gesundheit geht durch falsche Anlage der Stadt, ungünstige Verkehrswege, mangelhafte Belichtung und Belüftung der Wohnungen, durch die Erhaltung von Elendsquartieren neben reichen Villenvierteln verloren?

Alle diese Fragen drängen sich hier notwendig für unsere Überlegungen in den Vordergrund, und zugleich damit muß mit aller Klarheit die Antwort ausgesprochen werden: daß nämlich die Umgestaltung der Großstädte nach den Gesichtspunkten einer so verstandenen Zweckmäßigkeit, d. h. also ihre Umgestaltung nach den Bedürfnissen und Lebensnotwendigkeiten der arbeitenden Menschen, nur zugleich mit einer revolutionären Umgestaltung der gesamten wirtschaftlichen und politischen Verhältnisse möglich ist.

Wenn trotzdem an den Anfang dieses Kapitels Betrachtungen über die Probleme des neuen Stils, über den Ausgleich von Schönheit und Zweckmäßigkeit gesetzt wurden, so geschah dies aus dreierlei Gründen.

Erstens weil wir glauben, daß ein solcher Ausgleich zwischen Schönheit und Zweckmäßigkeit auch zu den Aufgaben einer sozialistischen Gesellschaft gehören kann; ja sogar, daß erst in einer sozialistischen Gesellschaft ein solcher Ausgleich für die großen lebenswichtigen Gegenstände vollkommen möglich ist. Denn das Bedürfnis des Menschen nach Gestaltung und Erhöhung seiner Lebensfreude durch Schönheit — ganz zu schweigen von der Kunst im engeren Sinne und ihren verschiedenen sozialen, erotischen und anderen Wurzeln — hat sich in allen Gesellschafts- und Wirtschaftsformen als lebendig erwiesen.

Zweitens ist wohl in der Tat anzunehmen, daß wir uns heute und wohl auch künftig eine Schönheit, die mit Unzweckmäßigkeit verbunden ist, oder die nicht auf irgend eine Art mit der Zweckmäßigkeit des Gegenstandes zusammenklingt, nicht vorstellen können. Das ist kein Zufall. Denn in einer hoch entwickelten industriellen Wirtschaft, in einer Gesellschaft, deren gesamtes Leben im höchsten Maße von der wissenschaftlichen Beherrschung und der industriellen Verwertung der Naturkräfte gestaltet wird, ist auch das Bewußtsein der Menschen von diesen Tatsachen aufs stärkste beeinflußt. Wenn der größte Teil der arbeitenden Menschen täglich in der produktiven Arbeit sich wesentlich nach Gesichtspunkten der technischen Zweckmäßigkeit richten muß, so verfeinert sich allgemein das Gefühl hierfür, und es kann wohl kaum ein Gebrauchsgegenstand auf die Dauer als s c h ö n empfunden werden, der nicht mindestens in seiner Art z w e c k m ä ß i g ist.

Der dritte Grund ist anderer Natur. Im Hausbau und noch stärker im Städtebau spielt gegenwärtig noch die S c h ö n h e i t vielfach die Rolle, die ihr der Kapitalismus am liebsten zuweist: die des käuflichen Freudenmädchens. Beim Hausbau springt das schon heute sehr deutlich in die Augen. Wir sprachen schon von den Häusern, die für den Bewohner zwar nichts wert sind, aber nach außen mit nachgemachten Bestandteilen eines älteren Stils aufgeputzt sind und durch diese Art von „Schönheit" über den Betrug, der mit ihnen am Verbraucher verübt wird, hinwegtäuschen soll. Bei den Häusern beginnt man sich hierüber allmählich klar zu werden, und die modernen Architekten versuchten deshalb Häuser zu bauen, die für den Bewohner brauchbar und vorteilhaft sind, die aber nach außen hin auf allen Putz verzichten. Sie versuchen, wie wir dies an anderer Stelle nennen, „von innen nach außen" zu bauen. (Natürlich ist äußere Einfachheit und Schmucklosigkeit für sich allein noch kein Beweis dafür, daß das Haus im übrigen zweckmäßig ist; auch die Schmucklosigkeit kann zur äußerlichen Mode werden.) Im Städtebau liegen die Dinge anders. Hier haben bis jetzt nur ganz wenige Fachleute eingesehen (oder einsehen wollen, oder mindestens offen zugeben wollen), daß es mit der Schönheit unter Umständen eine fragwürdige Sache ist.

Das zeigt sich schon ganz äußerlich im Sprachgebrauch. Es ist heute noch immer üblich, von S t ä d t e b a u k u n s t zu sprechen. Nun stammt dieses Wort zwar aus einer Zeit, in der man fast jede technische Handfertigkeit als Kunst bezeichnete, in der besonders die Arbeit des Ingenieurs ebenso als Kunst betrachtet wurde wie Malen oder Musikmachen. Seit 100 bis 150 Jahren verstehen wir aber im allgemeinen unter Kunst etwas anderes, jedenfalls etwas, was mit Zweckmäßigkeit bewußt garnichts zu tun haben will; ja was sich gerade dadurch von allem anderen unterscheidet, daß es überhaupt außerhalb oder „über" aller Zweckmäßigkeit liegt. Wenn nun heute sich jemand als Baukünstler bezeichnet, so ist schon die Frage berechtigt, ob er nicht vielleicht mit äußeren Verzierungen zudecken will, daß seine Erzeugnisse technisch und für den Verbraucher nichts taugen. Noch bedenklicher aber wird es, wenn man heute den Ausdruck Städtebaukunst gebraucht. Auf allen unseren technischen Hochschulen wird noch heute der Städtebau als ein Teil der Baukunst gelehrt. Was bedeutet das?

Es bedeutet, daß die Entwicklung des neuen Bauens, die vom Gerät und vom Möbel ausging und dann das Haus als Ganzes erfaßte, beim weiteren Fortschreiten, als sie auf den großen sozialen Körper „Stadt" stieß, sich vor ein Problem gestellt sah, dessen ernsthafte Behandlung mit einem Schlage alle wirtschaftlichen und sozialen Gegensätze des Kapitalismus aufreißen mußte. Man fühlte, daß diese Frage innerhalb der bestehenden Gesellschaftsordnung nur scheinbar, nur mit provisorischen Teillösungen beantwortet werden konnte, und daß ihre endgültige Lösung von einer vollkommenen Umgestaltung der Wirtschaftsordnung abhängig ist. Man fühlte: wenn man modernen Städtebau nach Grundsätzen der menschlichen Zweckmäßigkeit, also der Zweckmäßigkeit für die breite Masse des Volkes, betreiben wollte, so konnte man zwar mit harmlosen Einzelheiten wie Verkehrsfragen, Fragen des Hochhausbaues, Grünflächen u. dgl. anfangen, würde aber von der inneren Folgerichtigkeit der Tatsachen dazu genötigt, sehr bald bei den Fragen der sozialen Revolution zu enden.

In dieser Situation, die natürlich von den beamteten Sachverständigen, den Professoren und Akademikern, instinktiv als höchst gefährlich empfunden wurde, selbst wenn sie sie keineswegs mit klarem Verstand erkannten, bot sich nun die „Schönheit" als der nächstliegende und freudig benutzte Ausweg an. Da sie als Angehörige der bürgerlichen Klasse sich nicht stark genug fühlen konnten, gegen das geschichtliche Interesse ihrer Klasse aufzutreten, beruhigten sie sich gern mit der Bemühung, den bestehenden Zustand zu verschönern.

So kommt es, daß auch in Großstädten mit einer sehr starken sozialistischen Bevölkerung und einer sozialistisch stark beeinflußten Stadtverwaltung bei städtebaulichen Fragen noch immer ungeniert vom „S t a d t b i l d" gesprochen wird. In der gleichen Debatte, in der es sich etwa darum handelt, dem Spekulantentum Grund und Boden für eine

Arbeitersiedlung abzujagen, oder um eine neue Verkehrsverbindung zwischen Wohnungs- und Arbeitsviertel, wird mit dem gleichen Ernst von der Schönheit irgend eines mittelmäßigen alten Gebäudes gesprochen, die man eben doch des Stadtbildes wegen erhalten müsse.

Die Einsicht, daß der Städtebau heute zuerst, zu zweit und zu dritt eine gesellschaftliche Angelegenheit ist, und daß der Gedanke an die „Schönheit des Stadtbildes" dabei in 99 von 100 Fällen nur als Deckmantel der sozialen Reaktion und der nackten Eigentumsinteressen dient, ist allerdings noch sehr jungen Datums. Selbst ein klarer und bewußter Sozialist wie Bruno Taut glaubte noch 1921 als Magdeburger Stadtbaurat die Lebensfreude des Volkes durch ein buntes Stadtbild heben zu sollen. Er ist inzwischen zusammen mit Männern wie seinem Bruder Max, wie Max Berg (Breslau), Martin Wagner (Berlin), Hugo Hilberseimer, Ludwig Sierks — um nur einige zu nennen — zu einer sehr viel klareren gesellschaftlichen Auffassung des Städtebaues gelangt. Entscheidende Anregungen in dieser Richtung gab vor allem — obwohl kein Sozialist, sondern ein durchaus bürgerlicher Sozialreformer — der Schweizer Martin Mächler mit seinen Arbeiten über die Großsiedlung und über das Problem Berlin.

Die moderne Entwicklung des Städtebaues führte dann weiter zum Gedanken der Landesplanung. Man sah bald ein, daß die Stadt kein isoliertes Gebilde mehr ist. Auf tausendfältige Weise ist heute jede Stadt mit dem umgebenden Land, mit anderen Städten, mit den Nachbarländern, und, je größer und lebendiger sie ist, desto mehr mit allen Ländern des Erdballes verbunden. Äußerlich durch Eisenbahnen, Autostraßen, Schiffe, Stromleitungen, Gasrohre, Wasserleitungen, inhaltlich durch ihren Bedarf an Lebensmitteln, Rohstoffen und mechanischer Energie, durch den Versand ihres Überschusses an Erzeugnissen, bevölkerungsmäßig durch ständige Zu- und Abwanderung und einen Durchstrom von Fremden, gebietsmäßig durch die verschiedenartigsten Auswirkungen auf einen großen Kreis von Nachbarsiedlungen. Aus all diesen Beziehungen ergeben sich ständige Wechselwirkungen.

Aber bevor wir diesen Dingen näher zu Leibe rücken, wollen wir erst einmal fragen:

Was ist eine Stadt?

Der Arbeiter erlebt eine Stadt als eine Häufung von Wohnhäusern, mit allerhand Arbeitsstätten dazwischen, Büros und kleine Buden überall zerstreut, große Fabriken mehr draußen am Rande. Irgendwo in der Mitte die lebhaftesten Verkehrsstraßen, Rathaus und andere Amtsgebäude, zwischen den Fabriken am Rande eingestreut Schrebergärten, Handelsgärtnereien, Wiesenstücke, Zäune, Eisenbahndämme, darüber die schwarz geteerten Brandmauern großer Häuser, dort wo eine angefangene Straße vorläufig einmal nicht weiter gebaut worden ist. Nach einer Himmelrichtung, in Deutschland meist nach dem Westen hin, liegen die Straßen, in denen Angehörige der besitzenden Klassen in Villen wohnen, von Gärten und Parks umgeben.

So ungefähr sieht eine Stadt aus. Man hat in einer Stadt, in irgendeinem Betriebe, gelernt, hat die meiste Zeit des Lebens mitten in der Stadt oder in einer der Fabriken am Rande gearbeitet, ist auf den Arbeitsnachweis stempeln gegangen. Die meisten Wege, die man geht, führen über Pflaster oder Asphalt, Straßenbahn oder Autobus durch die Stadt. Ein Stück Eisenbahn zu einem Vorort versteht sich von selbst.

Wer vom Lande in die Stadt gezogen ist, wer Kindheit und Jugend noch im Dorf, auf dem Gutshofe oder in kleinen von Landwirtschaft umgebenen Industriesiedlungen verbracht hat, fühlt noch den Gegensatz der Lebensweise hier und dort. Viele aus der Arbeiterjugend, die so oft wie möglich für einen oder zwei Erholungstage nicht nur aus der Arbeitsfron, sondern auch aus der städtischen Umgebung sich hinausretten in den Wald und ans Wasser, werden auch den Gegensatz noch empfinden, wenn sie auch nicht mehr wissen, wie es ist, wenn man dauernd auf dem Lande lebt.

Heute aber besteht wohl schon die Mehrheit der Arbeiterklasse aus Menschen, die von Kind an in der Stadt groß geworden sind und die andere als städtische Lebensgewohnheiten sich kaum vorstellen können; und der gewöhnliche Sonntagsausflug gehört ja eben auch ganz zu den Lebensgewohnheiten eines Städters.

Was ist eine Stadt?

Funktionäre der Arbeiterbewegung gelangen noch zu anderer Kenntnis vom Wesen einer Stadt. Sie haben unter Umständen die Möglichkeit, eine Stadt von innen zu sehen, das heißt, eine Stadtverwaltung aktiv kennen zu lernen. Sie werden Stadtverordnete, Schöffen, Mitglieder von allerhand städtischen Verwaltungskommissionen, Bürgermeister. Sie erfahren so, was kommunale Selbstverwaltung ist, sie erfahren, daß und auf welche Weise eine Stadt Geld und wirtschaftliche Werte zu verwalten hat, daß sie bestimmte Mengen von Nahrungsmitteln regelmäßig braucht, daß sie einen Teil jener Wohlfahrtspflege ausübt, die die bürgerliche Gesellschaft zu ihrem Schutz um sich herum gebaut hat; sie stellen fest, daß eine Stadt das Bedürfnis hat, Grund und Boden zu kaufen, ihre Verwaltungsgrenzen auszudehnen, daß sie dabei mit staatlichen Verwaltungsbehörden, mit benachbarten Gemeinden, mit Grundstückseigentümern und Grundstücksspekulanten in Konflikte kommt. Sie erleben, wie der Mechanismus des Finanzkapitals auch die Stadt ergreift, wie die Banken aus Anleihen, die sie geben, enorme Profite herausschlagen, wie die Stadt gezwungen ist, in ihren eigenen Betrieben — Elektrizitätswerken, Gaswerken, Straßenbahnen — zu wirtschaften wie jeder kapitalistische Privatunternehmer.

Von alle dem erlebt der einzelne Arbeiter auch sonst ein Stück: der Straßenbahner fühlt die Hand des städtischen Arbeitgebers, die Arbeiterfrau muß die Gasrechnung bezahlen, der Besitzer des Schrebergartens wird in Kämpfe um Grundstücke und Eingemeindungen hineingezogen, wer der Wohlfahrtspflege anheimfällt, erfährt ihre Unzulänglichkeit am eigenen Leibe. Sie alle erleben auch die Stadt von innen, aber immer nur stückweise. Die heutige Organisationsform der Arbeiterbewegung behält die innere Kenntnis der Gesamtheit städtischer Selbstverwaltung einer verhältnismäßig kleinen Zahl ausgewählter Funktionäre vor.

Was ist eine Stadt?

Die moderne Stadt ist entstanden als die Zusammenfassung von industriellen Produktionskräften, von Mittelpunkten der Warenverteilung und des Verkehrs, und von zentralen Stellen der allgemeinen Verwaltung.

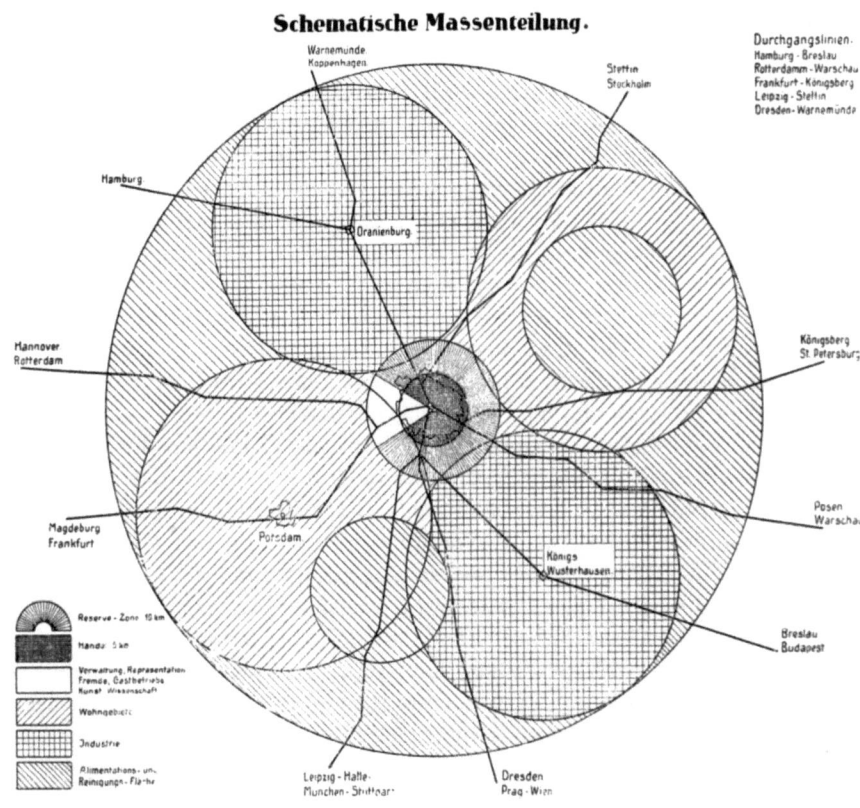

Abb. 33: Schematische Darstellung von Martin Mächler
zum Thema „Das deutsche Weltstadt-Problem" (Berlin), 1922.
„Grundsätzliche Aufteilung in Stadtkern (City), Wohn- und Industrieviertel
entsprechend den Verkehrslinien.
Im Umfang weit über das heutige Stadtgebiet hinausgreifend."

Sie ist das Ergebnis schärfster Spezialisierung und Konzentration, wie sie dem vom Kapitalismus ausgestalteten Produktionsprozeß entspricht. Weitaus der größte Teil der industriellen Produktion im engeren Sinne entsteht heute in großen und kleinen Städten. Entsprechend sind heute auch die weitaus größten Massen der industriellen Arbeiterschaft in Städten zusammengeballt. Die Städte und insbesondere die Großstädte erzeugen heute nur noch einen verschwindend geringen Teil der Nahrungsmittel, die sie verbrauchen. Das flache Land, Dorf und Gut, erzeugt heute nur noch einen verschwindend geringen Teil der industriellen Güter, die es verbraucht. Die Stadt ist für ihre Ernährung auf das Land angewiesen. Das Land, Dorf und Gut, ist für seine Bekleidung, für seine Bauten, für seine Geräte, für Licht, Wärme, mechanische Kraft, auf die Stadt angewiesen.

Diese völlige Trennung der Produktionsgebiete, die durchaus eine Besonderheit des 19. und 20. Jahrhunderts ist, erzeugt nun nicht etwa eine Solidarität zwischen Stadt und Land; sie erzeugt vielmehr, entsprechend dem allgemeinen Charakter der kapitalistischen Warenproduktion, einen Gegensatz, der sich ständig zuspitzt und sich gelegentlich zu politischen Auseinandersetzungen schärfster Art entwickelt. Dieser Gegensatz zwischen Stadt und Land ist einer der typischen Gegensätze des Kapitalismus überhaupt: wie auf anderen Gebieten, so führt auch hier jeder Versuch eines Ausgleichs der Interessen nur dazu, den Zwiespalt auf neuer erweiterter Stufe wiederholt zum Ausbruch zu treiben.

Und nun sehen wir uns die Stadt einmal näher an.

Abb. 34: Siedlung in Rathenow, 1929. Architekt Otto Haesler.

Wohnung und Werkstatt in der Stadt

Der Handwerker, der Krämer, der Bauer — sie wohnen da, wo sie arbeiten. In der ganzen Zeit des Mittelalters und weit in die sog. neuere Zeit hinein, bis zur industriellen Revolution, wohnen im allgemeinen die Menschen dort wo sie arbeiten, arbeiten dort wo sie wohnen. Nicht immer geradezu innerhalb der gleichen Räume, aber meist im gleichen Haus. Auch für den Bauern gilt das. Denn gewiß führt ihn die Feldarbeit vom Hause fort über Land, tagelang ist er zum Pflügen, Säen, Jäten, Mähen, Viehhüten unterwegs, mit dem Vieh in manchen Gegenden, so noch heute in den Alpen, monatelang auf der Weide. Dennoch ist der Mittelpunkt seiner Arbeit der Hof; hier wird gedroschen, in einem großen Teil des Jahres das Vieh gefüttert, hier wird geschlachtet, gesponnen und gewebt, gekeltert und gekocht, Kleinvieh gepflegt und Gerät ausgebessert. Der Hof ist der Mittelpunkt des Lebens und der produktiven Arbeit, ebenso wie beim Krämer der Laden, wie beim Handwerker die Werkstatt, die beide in aller Regel unter einem Dach mit der Wohnung liegen.

So ist das Dorf, ist die Stadt im vorindustriellen Europa — Rom und die großen asiatischen Städte haben eine andere Entwicklung — im wesentlichen das, was wir heute noch bei manchen (nicht mehr allzuvielen) kleinen Landstädten und bei vielen (keineswegs allen) Dörfern finden: eine Zusammensiedlung von Familien, die durch politische Kräfte, durch gemeinsame Marktinteressen, durch das Interesse des gegenseitigen Schutzes, durch das gemeinsame Interesse an einer günstigen Verkehrslage gerade an dieser Stelle zusammengehalten werden, von denen aber jede für sich eine geschlossene Zelle im Ganzen bildet, eine kleine Einheit, die im wesentlichen an einer Stelle, in diesem einen Hause, auf diesem einen Bauernhof, zusammen lebt, produziert und verzehrt.

Entsprechend wurde gebaut. In alten Städten sehen wir noch heute, in den alten meist in der Mitte gelegenen Stadtteilen, Haus neben Haus, jedes anders, jedes für sich, jedes bietet Raum genug für eine Familie und ihre Arbeit, für eine Familie, die mit vielen Kindern allmählich wächst, und in der der älteste Sohn den Beruf des Vaters im gleichen Haus übernimmt. Alte deutsche Städte wie Nürnberg, Rothenburg ob der Tauber, Lübeck u. a. sind in der Welt berühmt, weil sie noch ein deutliches Bild dieser heute verschwundenen Zustände bieten — richtiger gesagt: dieser Zustände, die in der heutigen Gesellschaft nicht mehr die herrschenden, sondern nur noch Überreste einer untergegangenen Zeit sind. Von weither kommen die Menschen gereist, um solche Städte zu besichtigen. Meist wissen sie selbst nicht genau, was ihnen daran so gefällt. Wahrscheinlich ist es bei den meisten die unbewußte Sehnsucht zurück nach einer Zeit, die zwar gewiß nicht so idyllisch war, wie man sie sich heute gern vorstellt, — denn in all diesen alten Städten ist in ihrer Blütezeit viel Blut geflossen — aber doch nach einer Zeit, die nicht den wilden Konkurrenzkampf des entfesselten Kapitalismus kannte. Wo so Giebel neben Giebel steht, ahnt man das wohlhabende oder auch bescheidene, aber wirtschaftlich sichere Leben, getragen und gehegt von der Zunft oder der Kaufmannsgilde, die dafür sorgen, daß jeder seine „Nahrung" bekommt, als Geselle, als Meister, als Ratsherr.

Bürgerliche Romantik, ein Zurücksehnen nach „besseren" Zeiten, wohl auch ein Stück Angstgefühl vor den Problemen der Gegenwart und Zukunft, deren Bewältigung sich ein Kleinbürgergemüt nicht vorstellen kann, dazu sicher noch ein Blick durch die rosenrote Brille — kurz: Illusionen und die Selbsttäuschungen einer rückwärtsgewandten untergehenden Klasse, das ist es, was solche alten Städte so populär macht. Ungefähr wie ein alter ausgedienter Schauspieler glücklich ist, wenn er einmal wieder die Luft der Bühne, den Geruch von Staub, Leim und Puder, wittern darf.

Allerdings, die alten Städte haben noch einen anderen Reiz: man hat in ihnen das Gefühl des Einheitlichen und Sinnvollen, ein Gefühl, das in neuen Städten und späteren Stadtteilen nur selten entsteht. Dieses Gefühl hat vielerlei Gründe. Einmal ist es dort, wo die alte Bauweise besonders gut erhalten ist, einfach die Freude darüber, daß alles so gut zusammenpaßt, das Vergnügen an dem, was man „Stil" nennt. Dann oft auch die Freude an den gut abgewogenen Verhältnissen der einzelnen Flächen, Linien, Baukörper, an bestimmten Kurven, Durchblicken, Wiederholungen, an schönen Farben oder am lebendig wech-

Abb. 35: Siedlung Zimpel bei Breslau, 1926-27.
Architekten Wahlich, Heim und Kempter.
„Trennung von Verkehrs- und Wohnstraßen;
Gartengelände zwischen den Wohnungen."

Abb. 36: Luftbild der Breslauer Innenstadt.
„Vorn die Dominsel, der von Natur befestigte Herrschafts-Mittelpunkt der alten City, geographisch jedoch am Rande gelegen.
Der frühere Befestigungsring um die Altstadt ist noch erkennbar."

selnden Ton von Steinen und Holzteilen, am Zusammenpassen von Haus und Garten usw., also die Freude an der äußeren Schönheit der Form. Weniger bewußt, aber sicher wirksam ist dann oft noch ein drittes: wir fühlen, wie die Stadt als Ganzes sinnvoll angelegt ist. Daß hier Rathaus und Markt, hier die Hauptgeschäftsstraßen, hier die Brükken, dort Burg oder Schloß sind, hat seine Bedeutung. Wir fühlen, wie man bei der Verteilung der Plätze und Straßen an den Verkehr vom Lande zum Markt gedacht hat, wie nicht nur Wall und Mauer, sondern auch wiederum Einzelheiten der Straßengestaltung und der Häuserform bestimmt wurden von der Rücksicht auf militärische Verteidigung oder Beherrschung, wie die Produktion, die Schiffahrt, das Macht- und Demonstrationsbedürfnis der Herrschenden (meist der weltlichen und kirchlichen Feudalherren) sich in allen Einzelheiten der Stadtanlage auswirkten. Hügel und Wasserläufe werden benutzt, politisch oder wirtschaftlich; jedenfalls aber immer so, daß man gleich sehen kann, was gemeint war, oder daß man mindestens fühlt: dies alles hat einen Sinn.

So kann man alte, gut erhaltene Städte mit dem Körper eines Lebewesens vergleichen, in dem auch jedes Organ dem Ganzen dient und das Ganze nur durch die Zusammenarbeit der Organe besteht.

Die industrielle Revolution hat diese organische Einheit der Städte zerstört, sie hat auch hier wie auf allen Gebieten die alten Lebensformen mit ungeheurer Gewalt und Schnelligkeit zersprengt, ohne bisher an ihrer Stelle etwas Gleichwertiges zu schaffen.

Was daraus geworden ist — nämlich die unorganische, unwirtschaftliche, ungesunde Stadt von heute — das haben wir schon gesehen. In ihr ist der arbeitende Mensch nicht nur durch die Eigentumsverhältnisse, sondern auch räumlich von den Produktionsmitteln getrennt. Wohnungen und Werkstätten liegen zwar oft genug dicht nebeneinander; aber wie selten kommt es vor — und dann meist nur durch Zufall —, daß jemand in unmittelbarer Nähe der Werkstatt, in der er beschäftigt ist, auch Wohnung findet. Ohne den Wert und die (vor allem in der Zukunft liegende) Bedeutung der Fabriksiedlungen, Bergarbeitersiedlungen und ähnlicher Unternehmungen herabsetzen zu wollen, kann man doch sagen, daß sie nur seltene Ausnahmen innerhalb der allgemeinen Verhältnisse darstellen, und daß sie meist viel mehr dem Interesse des Unternehmers dienen als dem des Arbeiters. Die Theoretiker des modernen Städtebaus haben vielfach Überlegungen darüber angestellt, wie dieser Zustand der räumlichen T r e n n u n g v o n A r b e i t s k r ä f t e n u n d W e r k s t ä t t e n zu beseitigen sei. Wir sprechen davon noch in dem Abschnitt „Stadt und Land". Hier sei nur noch eine Teilfrage betrachtet: werden wir wieder zu einer direkten baulichen Vereinigung von Wohnung und Werkstatt kommen? Ludwig H i l b e r s e i m e r hat dafür einen interessanten Vorschlag gemacht. Er entwirft das Bild einer Zukunftsstadt, in der große Baublocks, durchgehend von einer Schnellbahnstation zur nächsten, in den unteren Stockwerken die Geschäfts- und Arbeitsräume enthalten, in den oberen, bis zum 15. Stock hinauf, die zugehörigen Wohnungen. Wohlgemerkt: die z u g e h ö r i g e n , derart, daß jeder zu seiner Arbeitsstelle nur den einfachen Weg von oben nach unten zurückzulegen braucht, ohne die Straße überhaupt betreten zu müssen.

Hilberseimer ist Sozialist, und sicherlich setzt seine Zukunftsstadt eine sozialistisch geordnete Gesellschaft voraus, in der die Arbeitskräfte wieder mit den Produktionsmitteln verbunden sind. Dennoch läßt sein Gedanke schwere Zweifel offen: er berücksichtigt z. B. nicht die Tatsache, daß die moderne Produktionstechnik in den meisten Industrien eben etwas vollkommen anderes ist (und auch in einer sozialistischen Ordnung bleiben wird) als das alte Handwerk. Wunderbare Verbesserungen etwa der Heiztechnik oder anderer industrieller Arbeitsmethoden sind denkbar, aber werden sie jemals dahin gelangen, daß in einer solchen Stadt die Belästigungen durch Rauch, Lärm, Geruch, Erschütterung, die Gefahren durch brennbare und Explosivstoffe ganz beseitigt sein werden? Gelingt es nicht, so muß der Gedanke, Wohnung und Werkstatt in industriellen Städten im gleichen Baublock unterzubringen, als ein Irrtum erscheinen. Einen gewissen Sinn hat dieser Gedanke vorläufig nur für Städte und Stadtviertel, die ganz der Verwaltung und dem geschäftlichen Verkehr dienen, also für Bürostädte. Doch bleibt auch da die Frage offen, wie weit man in einer sozialistischen Gesellschaft, die wir uns ja doch nicht von einer Berufsbürokratie beherrscht denken, mit solchen „Bürostädten" überhaupt rechnen soll.

Modernes Nomadentum?

Es ist heute schon fast zur Mode geworden, von einem neuen Nomadentum des jetzigen Großstadtmenschen zu sprechen. Man denkt daran, wie einzelne Saisonindustrien rücksichtslos ihre Arbeitskräfte je nach Bedarf an sich ziehen und wieder abstoßen; man denkt an die vielen Wanderarbeiter, die je nach der Jahreszeit bald ihr heimisches kleines Grundstück bewirtschaften, bald in Städten und Industriedörfern als Maurer, Ziegler, Zimmerleute Lohnarbeit leisten; man denkt daran, wie ganze Industrien ihren Standort verschieben — so in den letzten Jahren die Ruhrkohlenindustrie von den mageren Kohlenzechen des Südens zu den ergiebigeren Vorkommen im Norden des Reviers — oder wie unter dem Einfluß des Weltmarktes einzelne Industrien absterben, andere in anderen Gegenden aufblühen, und damit auch jeweils die Arbeiterbevölkerung gezwungen ist, in gewissem Umfange mitzuwandern. Derartige Wanderbewegungen wären in den letzten zehn Jahren in Deutschland sogar sicher noch viel stärker zutage getreten, wenn nicht die Wohnungsnot und die Schwierigkeit, neue Wohnbauten zu finanzieren, die Entwicklung sehr aufgehalten hätten.

Daß im Lauf der letzten 50 Jahre eine enorme Wanderbewegung in der Tat erfolgt ist, geht ja nun aus dem zahlenmäßigen Anwachsen der in Großstädten lebenden Bevölkerung im Vergleich zur Einwohnerzahl der mittleren und kleineren Städte und des flachen Landes klar hervor. In den deutschen Städten über 100 000 Einwohner lebten 1871 nur 56 von je 1000 Köpfen der deutschen Bevölkerung, im Jahre 1925 war dieses Verhältnis auf 268 zu 1000 angewachsen. Jedermann weiß, daß dieses Wachstum der Großstädte nicht auf einen stärkeren eigenen Zuwachs zurückzuführen ist, daß vielmehr der Geburtenüberschuß in den Großstädten in dieser Zeit, im ganzen genommen, erheblich geringer — soweit überhaupt vorhanden — war als in den Kleinstädten und auf dem Lande.

Trotz alledem hat man es, wenn von „modernem Nomadentum" gesprochen wird, nur mit einem sehr zweifelhaften Vergleich zu tun, der auf mehreren Beinen hinkt. Das ist um so interessanter, als die, die den Vergleich gerne gebrauchen, damit oft eine Art von unausgesprochenem Vorwurf anklingen lassen, oder von romantischem falschem Mitleid: die alten jahrhundertelang am alten Fleck ansässigen Ackerbürger-, Pfahlbürger-, Spießbürgerfamilien waren doch bessere Menschen, oder wenn nicht bessere, dann jedenfalls glücklichere Menschen. Was man so nennt: „verwurzelt", mit „Heimatgefühl", mit wertvoller kultureller „Überlieferung". Also recht ähnlich dem Bauern, dem man ja auch gerne sein „zähes Festhalten an der ererbten Scholle" rühmend nachsagt.

Das alles trifft gewiß auf den modernen, „freizügigen", d. h. vom Wechsel der Konjunktur hierhin und dorthin geworfenen Lohnarbeiter nicht zu. Aber die Merkmale des echten alten Nomadentums treffen auf ihn ebensowenig zu. Denn das Wandern allein tut's nicht: die Nomaden wandern in geschlossenen Stämmen oder Sippen, der moderne Arbeiter wandert einzeln, auch wo er in Massen wandert; die Nomaden wandern mit all ihrem Hab und Gut, der moderne Arbeiter wandert — nun, zwar auch mit seinem Hab und Gut, und das ist gewiß „mehr" als was ein kirgisischer Steppenhirt in der Regel sein eigen nennt, aber es ist im Rahmen der modernen Gesellschaft eben doch nur der Besitz des Besitzlosen; zum Hab und Gut der wandernden Nomaden gehört aber vor allem zweierlei: das Zelt, die transportable Wohnung, und die Herde, das sich selbst transportierende Produktionskapital. Mit dem modernen Arbeiter wandert beides nicht mit: von der Wohnung kann er nur das Unwichtigste mitnehmen, Möbel und sonstige Einrichtung, gerade bei der Wanderschaft, beim Umzug mehr Last als Besitz, Ursache von Transportkosten, die oft fast den Wert übersteigen. Das Wichtigere, vor allem in unserm Klima, das schützende Haus, kann er nicht mitnehmen. Und was das Produktionskapital anlangt, so kommt in der modernen Wirtschaft der Arbeiter schon deshalb nicht in die Verlegenheit, es auf die Wanderung mitzunehmen, weil er nicht darüber verfügt.

Viel eher könnte man sagen: das moderne Produktionskapital selbst hat etwas vom Nomadentum in sich. Es wandert, wie die Herden der Steppenvölker, den besten Weiden nach, und dabei nimmt es die lebendigen Arbeitskräfte, über die es seinerseits verfügt, unter Umständen mit sich. Freilich durchaus auf das Risiko der wandernden Arbeitstiere selbst, und vollkommen ohne jene fürsorgliche Pflege, die der vorkapitalistische Nomade aus guten Gründen seinem wertvollsten Besitztum angedeihen ließ. Denn der moderne Arbeiter ist freier Vertragspartner des Arbeitsvertrages — auch des kollektiven — und ist freizügig.

Im Zusammenhang unserer Darstellung geht uns dies natürlich am nächsten an: daß der „moderne Nomade" — wenn man schon einmal den Ausdruck gebrauchen will — sein Haus nicht mitnimmt. Einige weitblickende Architekten, so Hugo Häring und Hilberseimer, haben schon mehrfach davon gesprochen, daß dies ein Mangel sei, dem man mit den Mitteln der modernen Bautechnik abhelfen könne.

Das ist zwar sicher richtig, aber es geht nicht auf den Kern der Sache. Richtig ist, daß das stabile Haus, gebaut für hundert Jahre — oder auch für einige Jahrhunderte — also für drei bis zehn Generationen, nicht mehr den Bedürfnissen der modernen Wirtschaft entspricht. Technik und Verkehr haben die alte „Ansässigkeit" gesprengt; ständige Umstellungen des Produktionsapparates, deren Ende noch nicht abzusehen ist, erzwingen immer neue Wanderungen von Produktionsmitteln — nach Rohstoffen, Absatzbedingungen, Umschlagplätzen usw. — und erfordern damit eine weitgehende Elastizität auch im Siedlungswesen: eine Arbeitersiedlung, die heute am richtigen Standort liegt, kann in zehn Jahren völlig aus der Entwicklungslinie geraten und reif sein zum Abbruch. Und, wie es so zu gehen pflegt: auch die innere Einstellung der Menschen paßt sich allmählich dieser Änderung der Verhältnisse an.

Nur die Gewohnheiten des Wohnungsbaus haben sich noch nicht angepaßt. Da das Wohnhaus als zinstragendes Wertobjekt einen Teil des Mehrwertes seinem Besitzer zuleitet. haben sich die allgemein bekannten Gewohnheiten' des Beleihens dieser Wertobjekte herausgebildet, mit dem Erfolg, daß nur das o r t s f e s t e , s t a b i l e H a u s beliehen wird. Mit anderen Worten: da heute in der Regel schon von vornherein nur mit Leihkapital gebaut wird, können keine anderen Häuser gebaut werden als ortsfeste, stabile.

Richtig ist, daß die moderne Bautechnik an sich in der Lage wäre, auch t r a n s p o r t a b l e H ä u s e r so zu bauen, daß sie den Bedingungen unseres Klimas und den Lebensgewohnheiten des heutigen Europäers entsprechen. Richtig ist ferner, daß die moderne Bautechnik an sich auch in der Lage wäre, erheblich billigere Wohnhäuser zu errichten, als es heute üblich ist, Häuser, die zwar ebenfalls normalen Bedürfnissen genügen würden, aber in ihrer Lebensdauer immerhin nur auf vielleicht 20 bis 30 Jahre zu berechnen wären. Beide Bauarten, das transportable Haus und das billige kurzlebige Haus, würden vermutlich mit den gleichen technischen Hilfsmitteln herzustellen sein, etwa leichter Stahlrahmenbau mit hängenden oder fachwerkmäßig einmontierten Wänden.

Man könnte sich also sehr wohl das m o d e r n e W o h n z e l t des europäischen Nomaden vorstellen, ein Haus, das man an beliebiger Stelle montieren läßt, bei jedem Wechsel der Beschäftigung an eine neue passende Stelle bringt, nach 10 Jahren bei steigenden Lebensansprüchen vergrößert oder gegen ein größeres eintauscht, nach weiteren 10 Jahren ohne Schaden als Altmaterial verkauft und durch ein neues besseres ersetzt. Ähnlich also, wie heute das Bürgertum und die Arbeiteraristokratie in Amerika mit dem Auto verfährt.

Dies alles ist, wie gesagt, denkbar und technisch möglich. Fraglich ist schon, ob es heute wirtschaftlich möglich, d. h. reutabel gemacht werden kann. Die Kernfrage aber ist: wie der Gedanke eines solchen „Zeltbaues" sozial zu beantworten ist.

Darauf kann, wie auf alle unsere Fragen, aus dem Kapitalismus heraus keine Antwort gegeben werden. Nur von einer sozialistischen Zukunft her kann man Richtlinien gewinnen für die Feststellung und Beurteilung der Tatsachen, die hinter dem Schlagwort vom „modernen Nomadentum" stecken.

Geht man einmal von der Erscheinung des W a n d e r n s aus, so kann man leicht sehen, daß sie zwei ganz verschiedene Arten von Ursachen haben kann: menschliche Wünsche und sachliche Notwendigkeiten. Der freie Trieb, zu wandern, ein Stück der Welt zu sehen, fremde Verhältnisse kennen zu lernen, findet sich zu allen geschichtlichen Zeiten und in allen wirtschaftlichen und gesellschaftlichen Zuständen. Zeitweise tritt dieser Trieb infolge politischer Erregung und wirtschaftlicher Not als Massenerscheinung auf, auch ist er — unter sonst ähnlichen Verhältnissen — bei verschiedenen Völkern und Volksstämmen verschieden stark entwickelt. Doch bleibt, hiervon abgesehen, der Wandertrieb immer als eine Grundtatsache der menschlichen Natur ebenso bestehen wie das (scheinbar) entgegengesetzte Bedürfnis nach einer „bleibenden Statt", das sich als Heimatgefühl auswirkt. Wie beides, Wandertrieb und Heimatgefühl, im einzelnen Menschen sich mischt, ist zunächst, vor jedem Einfluß der Umgebung, Sache seiner Naturanlage, seiner Blutmischung, seines Kraftüberschusses; und bekanntlich ändert sich diese Mischung meist im Ablauf des Lebens.

Ist die soziale Revolution in der Tat der Sprung aus der Sklaverei in die Freiheit — und anders können wir uns ihr Endergebnis nicht vorstellen — so wird die aus der kapitalistischen Unordnung befreite Gesellschaft zweifellos in ihre neue Ordnung auch diesen natürlichen Wandertrieb des Individuums einbeziehen. Darüber läßt sich Einzelnes heute noch nicht sagen; die Triebe, Neigungen, Leidenschaften des Einzelnen sind ja überhaupt der unvergängliche, unübersehbare, vielfältige, mit jedem Kinde neu heranwachsende Urstoff, an dem jede Gesellschaft auf ihre Weise sich zu bewähren hat; wie sehr das bekannte Gerede von der „öden Gleichmacherei" des Sozialismus in Wahrheit eine öde demagogische Phrase ohne jeden ernsten Inhalt ist, nur berechnet auf Erzeugung verwirrender Furcht, braucht hier wohl nicht bewiesen zu werden.

Was findet heute der Wanderer aus Trieb und Neigung, ebenso wie der Wanderer aus Not und Zwang? Wenn er überhaupt zur Nacht ein Dach über den Kopf bekommt, so findet er: Asyl, Wartesaal, Schnitterkaserne, Herberge, Gesellenheim, Gasthaus, ganz oben Schlafwagen und Hotel. Im Mittelalter waren es die Herbergen, die Zunfthäuser und die von den Klöstern errichteten Hospize, die den Wandernden Unterkunft und Nahrung boten. In Asien war und ist es noch heute die Karawanserei, das geräumige, aber innen in der Regel kaum eingerichtete Unterkunftshaus des Reisenden. Alle diese Einrichtungen sind bestimmt für einen kurzen Aufenthalt stets wechselnder Menschen. Daß in neuerer Zeit Angehörige der obersten Gesellschaftsklassen sich zum Teil daran gewöhnt haben, überwiegend im Hotel, auf dem Luxusdampfer und im Schlafwagen zu leben und von einer Sportsaison zur andern zu reisen — dies hat in der Hauptsache zu dem Schlagwort vom „modernen Nomadentum" geführt, das daher so, wie es meist gebraucht wird, nur der schiefe und snobistische Ausdruck einer kleinen isolierten Drohnenschicht ist.

Der Wanderer, der auf seinem Wege nur kurze Zeit, Tage oder Wochen, sich an einem Ort aufhalten will, findet also immerhin in der heutigen Gesellschaft Einrichtungen vor, die zu seiner Behausung bestimmt sind, wenn sie auch fast alle zugleich und in erster Linie Mittel der Ausbeutung im Dienste eines Renten suchenden Kapitals sind. Wer aber allein oder gar mit Angehörigen infolge eines freiwilligen oder gezwungenen Wechsels der Beschäftigung auch seinen Wohnort wechselt mit der Absicht, am neuen Wohnort ein halbes Jahr oder gar mehrere Jahre zu bleiben, hat heute keine Wahl: er muß seine alte Wohnung aufgeben und sich eine neue suchen. Für ihn ist nicht das Beherbergungsgewerbe da, sondern der Wohnungsmarkt.

Es gibt also nicht nur dem Grunde nach zwei verschiedene Arten der Wanderung: das Vagabundieren und den Wechsel des Beschäftigungsortes, sondern man kann außerdem auch der Zeitdauer nach die Reise unterscheiden vom Umzug, und es gibt zwischen beiden Unterscheidungen die verschiedensten Kombinationen. Dies alles wird es voraussichtlich in einer sozialistischen Gesellschaft auch geben. Von den baulichen Aufgaben, die daraus entstehen, ist eine im Grunde sehr einfach: die Herberge, die dem kurzfristigen Reiseverkehr dient, wird voraussichtlich in jeder Gesellschaftsordnung ihren Platz behalten. Und die „Menschen im Hotel" werden auch künftig gemischt sein aus solchen, die aus Arbeitsgründen reisen, und solchen, die aus irgendeiner Art von Wandertrieb unterwegs sind. Ganz anders liegen die Dinge, sobald die Wanderung eine aus dem Arbeitsprozeß hervorgehende Massenerscheinung wird. Hier wird sie zum sozialen Problem, dessen Regelung und dessen bauliche Folgen eben von der Regelung des Arbeitsprozesses abhängen.

Das Problem an sich ist auch heute schon bekannt. Zwei Seiten davon hat man unter den Schlagworten „Industrie-Umsiedlung" und „Landflucht" erfaßt, beides wird viel diskutiert; daß und warum beides nur Teilstücke eines einzigen großen Problems sind, wissen die wenigsten. Zu einer Lösung dieses Problems jedenfalls ist die bürgerliche Gesellschaft nicht imstande.

Arbeitsprozeß und Wanderung

Daß die kapitalistische Umwälzung des Produktionsprozesses große Massenwanderungen der menschlichen Arbeitskräfte zur Folge gehabt hat, ist bekannt. Auch heute noch vollziehen sich diese Wanderungen fortwährend, nur in einem durch die Wohnungsnot aufgehaltenen Tempo. Es ist anzunehmen, daß auch in einer sozialistisch geordneten Produktion große Wanderungen notwendig sein werden. Heute ist der Arbeitsmarkt, der Markt der Ware Arbeitskraft, diejenige Macht, die diese Wanderungen mehr schlecht als recht regelt. In einer sozialistischen Wirtschaft gibt es einen solchen Markt nicht mehr, aber die Antriebskraft, die die Wanderungen hervorruft, wird voraussichtlich bleiben: nämlich die technische Entwicklung. Es ist kaum anzunehmen, daß eine sozialistisch geordnete Gesellschaft aufhören wird, die Produktionstechnik weiter zu entwickeln und aufs höchste auszunutzen. Sie wird schon in den ersten Jahrzehnten ihres Lebens reichlich zu tun haben, um den Produktionsapparat so um- und auszubauen, wie es die bereits vorhandenen technischen Möglichkeiten erlauben, und wie es andererseits die Umstellung auf eine Bedarfswirtschaft erfordert. Aber auch darüber hinaus wird eine sozialistische Gesellschaft niemals darauf verzichten, neue Methoden zu versuchen, neue Kraftquellen aufzuschließen, in der Erde nach neuen Schätzen zu graben, neue Verkehrswege um den Erdball zu legen.

Derartige Umbauten vollziehen sich heute unter krampfhaften Erschütterungen, unter krisenhaften Zerstörungen von Arbeitskraft und Sachwerten. Sie werden künftig anders vor sich gehen, aber sie werden jedenfalls vor sich gehen und starke räumliche Veränderungen mit sich bringen.

Es werden immer einzelne Produktionsstätten stillgelegt, andere, günstiger gelegene, ausgebaut, es werden Rohstoffe und Naturkräfte an der einen Stelle, wo ihre Ausbeutung zu hohe Arbeitskosten verursacht, liegen gelassen und an anderer günstigerer Stelle neu in den Produktionsprozeß einbezogen. Alle derartigen Vorgänge erfordern zugleich eine Verpflanzung menschlicher Arbeitskräfte von einer Stelle zur andern. Werden aber an einzelnen Stellen des Landes Menschen in größerer Zahl angesiedelt als bisher dort vorhanden waren, so folgen ihnen nach wirtschaftlichen Gesetzen zahlreiche Produktionszweige, die nicht oder wenig vom Rohstoff abhängig sind, dafür umsomehr vom Verbraucher, so insbesondere alle Gewerbe, die der Zubereitung von Nahrungsmitteln dienen, und teilweise auch die Herstellung von Bekleidungsgegenständen. Damit wird wiederum eine neue Wanderung der Arbeitskräfte dieser Gewerbe erforderlich.

Heute vollziehen sich alle diese Entwicklungen so, daß zunächst das Produktionskapital seinen Standort wechselt, und daß dann die Menschen nachgeholt werden, wobei in der Regel ihnen selbst überlassen wird, irgendwie damit fertig zu werden. Umgekehrt wie beim echten Nomaden, der sein Produktionskapital auf der Wanderung vor sich hertreibt, ist es hier das Kapital selbst, das wandert und das seine Lohnsklaven, die unfreiwilligen Nomaden von heute, hinter sich herschleppt. Eine sozialistische Wirtschaft wird derartige Vorgänge nicht anders vollziehen können als in der Form einer geordneten und planmäßig vorbereiteten Umsiedlung, bei der weder die Produktionsmittel ein Anhängsel des Menschen, noch der Mensch ein Anhängsel der Produktionsmittel ist, sondern beide zusammen als eine Einheit von der alten an die neue Arbeitsstätte verpflanzt werden.

Von hier aus erscheint übrigens auch eine grundlegende Frage der technischen Qualität in einem neuen Licht: nämlich die Frage nach der Lebensdauer, für die Wohnhäuser gebaut werden sollen. Technisch wäre es gewiß möglich, Häuser für eine praktisch unbegrenzte Dauer zu errichten, sagen wir beispielshalber für tausend Jahre. Schon heute rechnet man nicht mehr so; nur Kaiserpaläste, Dome und Königsgräber alter Zeiten wurden mit dem Anspruch auf Ewigkeit gebaut. Von einem Wohnhaus der Gegenwart weiß man, daß es sich amortisieren muß, d. h. im Laufe seiner Lebensdauer soll es möglich sein, aus den Mietbeträgen soviel anzusammeln, daß es nach einer gewissen Zeit ohne Schaden durch ein neues Haus an gleicher oder anderer Stelle ersetzt werden kann.

Auch eine sozialistische Gesellschaft wird zunächst für lange Zeit mit der Notwendigkeit einer Amortisation rechnen müssen. Auch sie wird aus dem Arbeitsprodukt der betreffenden Produktionsgruppe und späterhin aus dem Arbeitsprodukt der Gesellschaft im ganzen soviel aufsammeln und sicherstellen müssen, daß nach einer gewissen Zeitspanne Produktionsmittel und Arbeitskräfte für die notwendigen Neubauten frei sind. Während dieser Übergangsperiode wird man sich sicherlich die Frage vorlegen, ob eine bestimmte Wohnsiedlung an einer bestimmten Stelle des Landes auf Dauerbestand rechnen kann, und man wird zweifellos vielfach zu der Entscheidung kommen, daß es garnicht zweckmäßig wäre, Bauten, die für die Ewigkeit berechnet sind, gerade an dieser Stelle und für soviele Menschen zu errichten.

Freilich von einem bestimmten Punkte der Entwicklung ab wird es bei der künftigen, schon jetzt voraus zu ahnenden Entwicklungshöhe der Produktivkräfte nicht mehr nötig sein, ängstlich zu rechnen, in wieviel Jahren die neuen Häuser sich aus dem Arbeitsprodukt ihrer Bewohner „bezahlt" machen müssen und wie man Produktionsmittel und Arbeitskräfte sicherstellt, um nach dieser Zeitspanne die notwendigen Neubauten errichten zu können. Man wird vielmehr einst auf solche Berechnung des Kapitalaufwands und der Amortisation verzichten können, da man weiß, daß das gesellschaftliche Gesamtprodukt ohnehin dazu ausreichen wird, die nötigen Arbeitskräfte zur Gewinnung und zum Transport von Baumaterial und zur Herstellung neuer Häuser zu ernähren.

Rechnen wird man auch dann, aber mit ganz anderen Dingen, z. B. mit den Wahrscheinlichkeitsziffern der künftigen Geburten, mit den Möglichkeiten der Erschöpfung einzelner Rohstofflager, mit der Auswirkung von Verbesserungen in der landwirtschaftlichen Produktion u. dgl. m.

Und vielleicht wird es einmal ein Geschlecht geben, in dem der Einzelne leichten Herzens seine Wände aus Stahl und Glas verläßt, mag ein anderer sie bewohnen, und mit ein paar Dingen, an denen sein Herz hängt, über die halbe Erde fliegt, sicher, auch dort ein ähnliches, helles, praktisches und gesundes Haus leer zu finden, auch dort, im anderen Klima, unter neuen Kameraden, arbeiten und leben zu können.

Kehren wir nach diesem Ausflug zur Zukunft zurück in die Gegenwart. Heute und noch für die nächste absehbare Zeit bringt jedenfalls jedes derartige Teilstück einer Industrie-Umsiedlung eine bestimmte bauliche Aufgabe mit sich. Jede solche Verpflanzung von Produktionsstätten, die sich aus dem Arbeitsprozeß ergibt, hat den Bau einer neuen Wohnsiedlung zur Voraussetzung derart, daß entweder eine schon vorhandene Gemeinde in dem notwendigen Umfang ausgebaut wird oder daß an der geplanten neuen Produktionsstelle in freiem Felde eine neue Stadt errichtet wird.

Die Geschichte der Besiedlung Nordamerikas zeigt Beispiele dafür, wie in einer kapitalistisch durchgeführten Kolonisation derartige Aufgaben gelöst wurden; man kennt aus unzähligen amerikanischen Abenteuerromanen die Barackenstädte, die auf den ungeheuren Flächen des Kontinents zwischen Atlantischem und Stillem Ozean, gewöhnlich entlang den Linien neuer Bahnbauten, in wenigen Wochen in die Höhe schossen, Sammelpunkte furchtbarer Ausbeutung und eines massenhaften Verbrechertums — um dann im Laufe der Jahre sich entweder in solide bürgerliche Mittelstädte zu verwandeln oder öde und verlassen in der Prärie zu verfallen.

Ein Gegenbeispiel anderer Art bieten die Leuna-Werke bei Halle. Hier hat der Kapitalismus, unterstützt vom Krieg, eine ungeheure Produktionsstätte aufgebaut und dabei — abgesehen natürlich von den oberen Beamten des Werkes — so gut wie gar nicht für die Unterkunft der vielen Tausende von Arbeitskräften gesorgt.

Aber die Industrie-Umsiedlung ist, wie gesagt, nur ein Zipfel des Gesamtproblems. Den anderen Zipfel, den man heute schon erfaßt hat, pflegt man unter der Bezeichnung „Landflucht" in klagenden und beschwörenden Leitartikeln der bürgerlichen Presse regelmäßig zu behandeln. Dieser Begriff „Landflucht" entspricht durchaus der beschränkten Fassungskraft der bürgerlichen Sozialreform. Staunend und ohne Aussicht, es jemals zu begreifen, steht sie vor dem Rätsel, daß die Menschen vom flachen Lande „fliehen", um in die Stadt zu wandern. Eine ausführliche Behandlung der „Landflucht" ist an dieser Stelle weder möglich noch nötig; der Landarbeiter aus dem Osten, der nachgeborene, nicht erbberechtigte Bauernsohn aus dem Westen weiß ganz gut, warum er in die Stadt geht, und jeder städtische Arbeiter wird einen Kollegen kennen, von dem er sich das erzählen lassen kann.

Geht man auf die tieferen sozialen und wirtschaftlichen Ursachen dieser Bewegung ein, so findet man im wesentlichen zwei Dinge: das eine ist die Tatsache, daß die Landwirtschaft in Deutschland (und in vielen anderen hochkapitalistischen Ländern) in der Entwicklung ihrer P r o d u k t i o n s m e t h o d e n weit hinter der gewerblichen Produktion zurückgeblieben ist. Das zweite ist die Tatsache, daß die landwirtschaftliche Produktion in ganz anderem Maße von J a h r e s z e i t und Witterung abhängig ist. Der Ausgleich der verschiedenen Entwicklungshöhe zwischen Industrie und Landwirtschaft ist eine Aufgabe, die aus verschiedenen Gründen, ebenso wie die meisten anderen vom Kapitalismus aufgeworfenen Probleme, wahrscheinlich erst vom Sozialismus gelöst werden kann. Der Einfluß der Jahreszeiten auf die Landwirtschaft, der in unserem Klima voraussichtlich bis auf weiteres und im wesentlichen gleich bleiben wird, erzeugt in wachsendem Maßstabe, je mehr nämlich die landwirtschaftliche Produktion ihren Arbeitsprozeß rationalisiert, das Problem einer regelmäßigen w i n t e r l i c h e n A r b e i t s l o s i g k e i t.

Kommen wir von hier zurück zur Frage der Wanderung und damit zu den Bauproblemen der Siedlung und der Umsiedlung. Soweit die sog. „Landflucht" eine Folgeerscheinung der Zurückgebliebenheit der ländlichen Produktion ist, kann sie im Grunde nur innerhalb eines Agrarprogramms behandelt werden, und dazu wäre ein besonderes Buch nötig. Immerhin soll darüber in dem Kapitel „Stadt und Land" noch einiges gesagt werden. Die andere Seite der Sache aber, der Wechsel der landwirtschaftlichen Arbeit mit den Jahreszeiten, kann uns hier schon kurz beschäftigen. (Natürlich ist auch das im Grunde nur ein Teilstück aus dem Zukunftsproblem „Stadt und Land".)

Die Ansprüche, die die landwirtschaftliche Produktion an die menschliche Arbeitskraft stellt, wechseln mit den Jahreszeiten. Sie setzen im Frühjahr, etwa von Mitte Februar ab, ziemlich lebhaft ein, steigen rasch an, werden ungefähr im Mai für einige Wochen geringer, bringen dann zur Ernte eine Zeit höchsten Bedarfs, die sich bis in den Spätherbst erstreckt, und flauen zum Winter ganz ab. Je mehr die Landwirtschaft mit industriellen Methoden betrieben wird, desto kürzer werden die Zeiten, in denen viel Arbeitskräfte gebraucht werden, desto ruckartiger die Stöße des plötzlichen Bedarfs und des ebenso plötzlichen Abstoßens von Arbeitermassen. (So das Gesamtbild, das natürlich im einzelnen nach Klima, Bodenart, nach Vorwiegen von Fruchtbau oder Viehzucht, heute auch noch nach Besitzgrößen schwankt.)

Im ganzen also ergibt sich die Notwendigkeit von regelmäßig wiederkehrenden Massenwanderungen von Arbeitskräften, Wanderungen, die man in recht engen Zeitgrenzen durchaus voraussehen kann. Und diese Wanderungen werden umso wichtiger, je mehr die Landwirtschaft sich industrialisiert. Es ergibt sich also letzten Endes ein Bild von Millionen arbeitender Menschen, die — roh gerechnet — immer wechselnd ein **halbes Jahr auf dem Lande, ein halbes Jahr in der Stadt** arbeiten — und also auch wohnen.

Oder vielmehr: wohnen würden, wenn sie könnten. Heute ist es aber in der Regel so, daß man bei diesen Wanderarbeitern schon in der Stadt kaum von „Wohnung", auf dem Lande aber sicher nur von „Obdach" oder bestenfalls von „Behausung" sprechen kann.

Ein interessanter Versuch zur Lösung dieser Frage wird, wie man aus Zeitungsmeldungen entnehmen kann, in Rußland geplant. Dort will man für die Arbeitermassen, die auf den riesengroßen Sowjetgütern jeweils für kurze Zeiten zur Frühjahrsbestellung und zur Ernte benötigt werden, transportable Siedlungen errichten. Man will also die früher erwähnten technischen Möglichkeiten der modernen Bauweisen ausnutzen, um transportable Häuser jeweils dort aufzustellen, wo sie vom Arbeitsprozeß gebraucht werden, im Frühjahr und Herbst auf den großen Getreidefarmen, im Sommer (wo das Korn ohne Zutun wächst) und im Winter (wo es maschinell mit geringem Bedarf an Menschenkraft ausgedroschen wird) in der Stadt, im Zentrum der mechanischen Produktion.

So interessant dieser Versuch ist, so kann man doch bezweifeln, ob er — ganz abgesehen von der Frage des Gelingens in diesem Fall — grundsätzlich mehr ist als ein kurzes Übergangsstadium. Dieser Gedanke der transportablen Siedlung setzt ja immerhin voraus, daß die Trennung von Stadt und Land im übrigen bestehen bleibt. In den Verhältnissen eines dünn besiedelten und von einer zu 90 Prozent agrarischen Bevölkerung bewohnten Landes wie Rußland wird diese Voraussetzung bis auf weiteres und noch sehr lange zutreffen. Der industrielle Westen aber und besonders Deutschland ist der Aufhebung der Trennung zwischen Stadt und Land, wie sie der wissenschaftliche Sozialismus voraussagt, bei weitem näher. Und darum ist auch das „moderne Nomadentum" in der Form der transportablen Siedlung für uns nicht das Bild, das im Mittelpunkt unseres Blickes in die Zukunft steht. Wir müssen uns vielmehr dem Problem „Stadt und Land" zuwenden und prüfen, welche baulichen und baupolitischen Aufgaben verborgen liegen in der großen, schon jetzt begonnenen Entwicklung, die den Gegensatz zwischen Stadt und Land schließlich aufheben wird.

Abb. 37: Dachgarten eines Hauses in der Werkbundsiedlung Breslau, 1929.
Architekt Heinrich Lauterbach.
Hinten das Wohnheim von Hans Scharoun (vgl. Abb. 21, Seite 99).

Abb. 38: Reihenhäuser in Berlin-Dahlem, 1928.
Architekten Hans und Wassili Luckhardt und Alfons Anker.

Gespräch

„Das Bauen ist eine schöne Lust, Daß es aber s o viel kust', das hab ich nicht gewußt." (Giebelspruch aus dem Fränkischen.)
Wenn's nur das wäre! Aber das Bauen gehört zu den Dingen, bei denen du eigentlich immer das Gefühl hast: Wie man's macht, macht man's falsch. Und nachher, wenn's fertig ist, steht es da, du kannst nicht mehr viel dran machen, Flicken und Anbauen ist doch immer eine halbe Sache. Es steht da, das Haus, s o w i e es nun einmal gemacht worden ist. Und dann: es steht eben da, w o es gebaut ist. Du willst oder mußt weg, in eine andre Stadt? Bitte sehr, geh du nur. Ich, das Haus, ich bleibe hier. Ich bin ein anständiges Haus, und kein lumpiges Zelt.

Im Winter ist man ja froh, wenn man so'n festes Dach über dem Kopf hat, und man kann heizen, wenigstens die Wohnküche. Na, es gibt ja auch Löcher, die nie richtig warm werden. Aber im Sommer, der olle Staub und Dreck in der Stadt, und manche Bleibe kriegt nie Sonne und frische Luft, und andre wieder, da sitzt du unterm Dach, und da brütet dir am Abend, wenn du nach Hause kommst, eine Hitze auf den Schädel — Mensch, da muß man mal raus ins Freie. Manche sind ja zufrieden mit sonnem kleinen Affenkäfig von Balkon, mit 'n paar Geranien drauf und vielleicht ein Kanarienvogel oder Karnickel oder sowas. Ein bissel Viehzeug hat ja jeder gern. Aber so das richtige ist das nicht. Links und rechts von dir, und oben und unten sind genau sonne Affenkäfige, und da kannste Schulzen seinen Krach mit seiner Ollen hören, und riechst den Grünkohl von unten und siehst nebenan, wie Nachbars Erika mit ihrem Schatz poussiert.

Aber sieh doch mal zu, vielleicht hast du Glück und kriegst ein Stück Laubengelände ab. Da zauberst du dir für den Sommer 'ne Bretterbude hin, pflanzt Kohl, Bohnen und Radieschen, kannst auch ein paar Hühner halten, wenn Mutter ein bischen Geschick hat zu sowas. Und wenn du deine Papiere kriegst, hast du noch so einen gewissen Rückhalt.

Freilich, ohne Arbeit ist das auch nix. Da heißt es feste schuften, graben, düngen, gießen, jäten, das hört überhaupt nicht auf. Ist ja sehr gesund, und mal was andres als in der Fabrik, aber — — —

Und der blödsinnige Weg ist ja auch nicht ohne. Besonders so lang das Wetter unsicher ist: morgens aus der Wohnung in die Fabrik, nachmittags von der Fabrik in die Laube, abends nach Hause. Und wenn du eine Zeitlang alles hübsch nah beisammen hast, kriegst du sicher deine Kündigung und kannst keine andre Arbeit finden als eine geschlagene Stunde weit zu fahren.

Da gibt es ja nun ganz kluge Leute, die sagen, jeder Arbeiter soll sein Häuschen haben, son Siedlungshaus, gleich mit Garten dabei, und das genügt noch lange nicht, sondern außerdem müßte alles aus der Stadt raus, die ganzen Fabriken gleich mit, so daß im ganzen Land verstreut die Betriebe liegen, und um jeden Betrieb rum sind gleich die Arbeitersiedlungen. Morgens biste in 10 Minuten in der Bude, und wenn du aufhörst abends, sitzt du nach 10 Minuten schon wieder im Garten. Versteht sich: wenn's warm ist, und schönes Wetter.

Das hört sich ja ganz schön an. Aber ich frage bloß: wer soll das machen?

Na ja, ab und zu gibt's ja sowas schon, und überhaupt sind solche Werksiedlungen ja gar nichts Neues. Das hat Krupp schon lang vor dem Krieg gemacht. Aber eben: wenn's der Unternehmer macht, ist es falsch; verlierst du die Arbeit, dann verlierst du auch das Dach über dem Kopf.

Na, und wenn's der Unternehmer nicht macht? Also zum Beispiel die Stadt oder eine Genossenschaft oder so was? Dann kann's immer noch falsch sein. Bild dir nur ja nicht ein, daß dann keiner da ist, der an dir verdient. Und außerdem: was können die wissen, ob die Industrie, für die sie so eine Siedlung bauen, auch da bleibt? Ob sie nach einem Jahr noch zu tun hat? Bei Chemnitz gibt's ein Tal, da hat vor ein, zwei Jahren eine Strumpffabrik nach der andern aufgemacht, das Geschäft blühte, da wurde feste gebaut, Arbeiter zogen hin und dachten: Hier ist's richtig. Und heute! Keine Aufträge, keine Arbeit, in Massen fliegen die Leute aufs Pflaster, und nun können sie sehen, wo sie wieder Arbeit kriegen. In der Nähe jedenfalls gibt's keine.

Reihenhäuser in der Weißenhofsiedlung
in Stuttgart
1927

Erd- und Obergeschoßgrundrisse
eines Hauses

Abb. 39: Reihenhäuser in der Weißenhofsiedlung des Deutschen Werkbundes,
Stuttgart 1927.
Architekt J. J. P. Oud.
„Die treppenförmige Aneinanderreihung soll
eine gewisse Isolierung vom Nachbarn ermöglichen. Kleine Wohnungen;
im Sommer lebt man im Garten."

Da muß ich doch noch mal fragen: wer soll das machen? Ich meine, so die ganze Industrie mit ihren Arbeitern heraus aufs Land verpflanzen? Das sind alles so bürgerliche Illusionen.

Also gewiß wollen wir vorläufig erst mal nehmen, was wir kriegen können. Aber bevor wir nicht den ganzen Laden selber und alleine schmeißen, wird aus der ganzen Geschichte nichts Halbes und nichts Ganzes.

Stadt und Land

Daß die großen Theoretiker des Sozialismus schon frühzeitig die Aufhebung des Gegensatzes zwischen Stadt und Land als einen wesentlichen Bestandteil der von ihnen vorher gesagten Entwicklung erkannten, ist heute etwas in Vergessenheit geraten. Es ist daher vielleicht am Platze, ausnahmsweise mit einigen Zitaten an diese Tatsache zu erinnern:

Engels, Die Wohnungsfrage (Seite 22 der deutschen Ausgabe von 1887):
„Wie ist nun die Wohnungsfrage zu lösen? In der heutigen Gesellschaft gerade wie eine jede andere gesellschaftliche Frage gelöst wird: durch die allmähliche ökonomische Ausgleichung von Nachfrage und Angebot, eine Lösung, die die Fragen selbst immer wieder von neuem erzeugt, also keine Lösung ist. Wie eine soziale Revolution diese Frage lösen würde, hängt nicht nur von den jedesmaligen Umständen ab, sondern auch zusammen mit viel weitergehenden Fragen, unter denen die Aufhebung des Gegensatzes von Stadt und Land eine der wesentlichsten ist."

Kommunistisches Manifest:
„Die Bourgeoisie hat das Land der Herrschaft der Stadt unterworfen. Sie hat enorme Städte geschaffen, sie hat die Zahl der städtischen Bevölkerung gegenüber der ländlichen in hohem Grade vermehrt und so einen bedeutenden Teil der Bevölkerung dem Idiotismus des Landlebens entrissen."

Ferner wird gleichfalls im Kommunistischen Manifest, dort, wo von den ersten Maßregeln die Rede ist, die unter der politischen Herrschaft des Proletariats voraussichtlich „für die fortgeschrittensten Länder ziemlich allgemein in Anwendung kommen", folgendes ausgeführt:

„8. gleicher Arbeitsschutz für alle, Errichtung industrieller Armeen, besonders für den Ackerbau.

Abb. 40: Werkbundsiedlung Weißenhof in Stuttgart, 1927.
„Am Abhang gebaut, Ausblick auf die Stadt,
alte Baumbestände einbezogen."

9. Vereinigung des Betriebes von Ackerbau und Industrie, hinwirkend auf die allmähliche Beseitigung des Unterschiedes von Stadt und Land."
Und wie eine Erläuterung hierzu liest sich eine Stelle im ersten Band des „Kapital", unter der Überschrift „Große Industrie und Agrikultur":
„Die Revolution, welche die große Industrie im Ackerbau und den sozialen Verhältnissen seiner Produktionsagenten hervorruft, kann erst später dargestellt werden. Hier genügt kurze Andeutung einiger vorweggenommener Resultate. Wenn der Gebrauch der Maschinerie im Ackerbau großenteils frei ist von den physischen Nachteilen, die sie dem Fabrikarbeiter zufügt, wirkt sie hier noch intensiver und ohne Gegenstoß auf die „Überzähligmachung" der Arbeiter, wie man später im Detail sehn wird....
In der Sphäre der Agrikultur wirkt die große Industrie insofern am revolutionärsten, als sie das Bollwerk der alten Gesellschaft vernichtet, den „Bauer", und ihm den Lohnarbeiter unterschiebt. Die sozialen Umwälzungsbedürfnisse und Gegensätze des Landes werden so mit denen der Stadt ausgeglichen. An die Stelle des gewohnheitsfaulsten und irrationellsten Betriebs tritt bewußte, technologische Anwendung der Wissenschaft. Die Zerreißung des ursprünglichen Familienbandes von Agrikultur und Manufaktur, welches die kindlich unentwickelte Gestalt beider umschlang, wird durch die kapitalistische Produktionsweise vollendet. Sie schafft aber zugleich die materiellen Voraussetzungen einer neuen, höheren Synthese, des Vereins von Agrikultur und Industrie, auf Grundlage ihrer gegensätzlich ausgearbeiteten Gestalten. Mit dem stets wachsenden Übergewicht der städtischen Bevölkerung, die sie in großen Zentren zusammenhäuft, häuft die kapitalistische Produktion einerseits die geschichtliche Bewegungskraft der Gesellschaft, stört sie andrerseits den Stoffwechsel zwischen Mensch und Erde, d. h. die Rückkehr der vom Menschen in der Form von Nahrungs- und Kleidungsmitteln vernutzten Bodenbestandteile zum Boden, also die ewige Naturbedingung dauernder Bodenfruchtbarkeit. Sie zerstört damit zugleich die physische Gesundheit der Stadtarbeiter und das geistige Leben der Landarbeiter. Aber sie zwingt zugleich durch die Zerstörung der bloß naturwüchsig entstandenen Umstände jenes Stoffwechsels ihn systema-

tisch als regelndes Gesetz der gesellschaftlichen Produktion und in einer der vollen menschlichen Entwicklung adäquaten Form herzustellen ...
Die Zerstreuung der Landarbeiter über größere Flächen bricht zugleich ihre Widerstandskraft, während Konzentration die der städtischen Arbeiter steigert. Wie in der städtischen Industrie wird in der modernen Agrikultur die gesteigerte Produktivkraft und größere Flüssigmachung der Arbeit erkauft durch Verwüstung und Versiechung der Arbeitskraft selbst. Und jeder Fortschritt der kapitalistischen Agrikultur ist nicht nur ein Fortschritt in der Kunst der Arbeiter, sondern zugleich in der Kunst den Boden zu berauben, jeder Fortschritt in Steigerung seiner Fruchtbarkeit für eine gegebene Zeitfrist zugleich ein Fortschritt im Ruin der dauernden Quellen dieser Fruchtbarkeit. Je mehr ein Land, wie die Vereinigten Staaten von Nordamerika z. B., von der großen Industrie als dem Hintergrund seiner Entwicklung ausgeht, desto rascher dieser Zerstörungsprozeß. Die kapitalistische Produktion entwickelt daher nur die Technik und Kombination des gesellschaftlichen Produktionsprozesses, indem sie zugleich die Springquellen allen Reichtums untergräbt: Die Erde und den Arbeiter."
(Karl Marx, Das Kapital. Erster Band. Zweite Auflage. Hamburg 1872. S. 526—529.)
A. Bebel, Die Frau und der Sozialismus (1879) 50. Auflage, S. 439:
„Diese Großstadtbildung macht, bildlich gesprochen, den Eindruck eines Menschen, dessen Bauchumfang beständig zunimmt, wohingegen die Beine immer dünner werden und schließlich die Last nicht mehr tragen können. In unmittelbarer Nähe dieser Städte nehmen sämtliche Dörfer ebenfalls einen städtischen Charakter an ... Sind sie schließlich an die Großstadt und diese an sie herangerückt, so fliegen sie wie ein der Sonne zu nahe gekommener Planet in diese hinein ... Diese in der gegenwärtigen Entwicklung notwendigen, gewissermaßen die Revolutionszentren bildenden Massenansammlungen haben in der neuen Gesellschaft ihren Zweck erfüllt. Ihre allmähliche Auflösung ist notwendig, indem jetzt umgekehrt die Bevölkerung von den großen Städten auf das Land wandert, dort neue, den veränderten Verhältnissen entsprechende Gemeinden bildet und ihre industrielle Tätigkeit mit der land-

wirtschaftlichen verbindet . . . Das Leben wird die Annehmlichkeiten der bisherigen Großstadt ohne ihre Nachteile erlangen."

Wie man sieht, ist unter den wiedergegebenen Aussprüchen der von Bebel derjenige, der am weitesten auf Einzelheiten eingeht. Damit ist nicht gesagt, daß er auch am richtigsten und genauesten ist. Es sieht bei Bebel so aus, als ob diese Entwicklung von selbst, ja nahezu ohne Zusammenhang mit anderen gesellschaftlichen und politischen Ereignissen, vor sich gehe. Was im vorigen Abschnitt über die sog. Landflucht gesagt wurde, deutete schon auf die vielfältigen Zusammenhänge hin, von denen die Wanderungsbewegung zwischen Stadt und Land in beiden Richtungen abhängt.

Daß wir schon heute zahlreiche A n s ä t z e und V e r s u c h e zu einer R ü c k w a n d e r u n g sehen, ist unbestreitbar. Dabei ist allerdings weniger an die vom Staat geförderte Schaffung neuer Bauernstellen in menschenarmen Gebieten und ihre Besetzung mit Ansiedlern aus Gebieten des Menschenüberschusses zu denken; denn diese sog. innere Kolonisation ist ein durchaus künstliches Gebilde, das ohne die staatliche Unterstützung überhaupt nicht bestehen würde. Die Anzeichen dafür, daß die städtische Bevölkerung von sich aus ein mehr oder weniger dumpfes Bedürfnis nach einer Art von Rückwanderung auf das Land hat, liegen vielmehr anderswo. Es muß an dieser Stelle genügen, einige Stichworte zu nennen: Schrebergärten, Wanderbewegung, Sportbewegung, Gartenstadtbewegung. Allen diesen Versuchen ist das eine gemeinsam, daß nämlich die Menschen, die sich an ihnen beteiligen, keineswegs beabsichtigen, den Zusammenhang mit der Stadt oder auch nur ihre Stellung im städtischen Arbeitsprozeß aufzugeben. Auch wo, wie in der Schrebergartenbewegung, die Verbundenheit mit dem Lande zugleich eine Beteiligung an der ländlichen Produktion und damit an den Eigentümlichkeiten der landwirtschaftlichen (hier also: der gärtnerischen) Arbeit bedeutet, ist diese Tätigkeit doch immer nur als Nebenbeschäftigung und Nebenerwerb gedacht. Man will Erholung durch eine von der Industriearbeit gänzlich verschiedene Beschäftigungsform, man wünscht Aufenthalt in freier Luft und nähere Verbindung mit dem Wachstum der organischen Natur, man sucht schließlich

Abb. 41: Sanatorium „Zonnestraal" in Hilversum, 1927.
Architekten B. Byvoet und J. Duiker.

eine wenn auch noch so schmale Rückendeckung für den Fall der Arbeitslosigkeit.

Alle diese Bedürfnisse sind auch in den zahlreichen Formen der W a n d e r - und S p o r t b e w e g u n g lebendig, nur daß sie dort gänzlich vom Produktionsprozeß getrennt sind.

Wie sind nun diese Tendenzen zu beurteilen? Es kommt darauf an, ob man sie vom Ursprung her oder ob man sie vom Ziel her betrachtet. Vom Ursprung her gesehen, handelt es sich hier um lebenskräftige und im Ansatz vollkommen richtige Gegenbewegungen, die entstehen aus dem Gefühl dafür, wie sehr die Lebensverhältnisse in der Großstadt die Gesundheit untergraben, körperliche und geistige Leistungsfähigkeit rasch abnutzen und insbesondere die Aufzucht eines gesunden Nachwuchses gefährden. Vom Ziel her gesehen, sind alle diese Versuche bis jetzt, trotz ihrer außerordentlichen Ausdehnung in die Breite, in ihren ersten Anfängen stecken geblieben, ja vielfach, indem sie die Erreichung eines Zieles vortäuschten, in Wahrheit vom Ziel abgebogen.

Solange der moderne Industriearbeiter nicht auch, ebenso wie die übrige Wirtschaft, die agrarische Produktion beherrscht und sie mit seinen Methoden und seinem Geist erfüllt, ist der Gegensatz zwischen Stadt und Land nicht aufgehoben.

Ähnliche Ansätze und Versuche sehen wir aber auch v o m L a n d e h e r. Auch hier nur einige Stichworte: die Technisierung der landwirtschaftlichen Produktion, das Kino auf dem Dorfe, die Auswirkung des Rundfunks auf dem flachen Land, die Erschließung auch eisenbahnarmer Gegenden durch das Auto. Freilich werden diese Ansätze nur zum geringen Teil von dem inneren Bedürfnis der Landbevölkerung getragen; überwiegend stellen sie vielmehr Anzeichen eines raschen und stets wachsenden Eindringens städtischer Einflüsse in die ländlichen Gewohnheiten dar; doch auch hier kann man sagen: es sind Ansätze, die vom Ursprung her gesehen, nämlich gegenüber der völligen Absperrung und Verbauerung, der das flache Land im 19. Jahrhundert zu verfallen drohte, nötig und richtig sind. Vom Ziel her gesehen, stellt dies nur den allerersten und allerbescheidensten Anfangsabschnitt einer Entwicklung dar, deren weitaus größter Teil noch vor uns liegt.

Solange nicht die landwirtschaftliche Produktion in den Händen der Arbeiterklasse ganz auf die höchst entwickelten biologischen und technischen Methoden umgestellt ist, solange nicht die Verkehrsmittel und Bildungsmöglichkeiten der modernen Zivilisation dem Landbewohner mit vollkommener Selbstverständlichkeit zur Verfügung stehen und von ihm mit der gleichen Selbstverständlichkeit benutzt werden, kann von einer Aufhebung des Gegensatzes zwischen Stadt und Land nicht die Rede sein.

Es ist sehr merkwürdig zu beobachten, daß der moderne Städtebau, auch soweit seine Vertreter mit dem Sozialismus bewußt gar nichts zu tun haben, von sich aus auf die Entwicklungslinien hindrängt, die der wissenschaftliche Sozialismus als Merkmale der künftigen Gesellschaft aufgewiesen hat. Er verlangt die Auflockerung der Städte, die Schaffung von Wohnsiedlungen in weitem Kranz um die alten Stadtkerne herum, in Flachbau, mit niedrigen, von Gärten umgebenen Häusern. Er verlangt, daß die industrielle Produktion sich sammelt an denjenigen Punkten, die für sie verkehrsmäßig am günstigsten liegen, losgetrennt von den Wohnvierteln. Er begründet diese Forderungen einmal mit der Rücksicht auf die vernunftgemäße Gestaltung der industriellen Produktion, der unnötige Transportwege nach Möglichkeit erspart werden sollen, sodann aber vor allem mit der Rücksicht auf die lebendigen Menschen. Die Tatsache, daß die Bevölkerung der Großstädte in den letzten Jahrzehnten im allgemeinen nicht mehr durch eigenes Wachstum, durch die Erzeugung eigener Kinder gewachsen ist, sondern nur noch durch Zuzug von außen, hat entscheidenden Einfluß auf die Arbeiten und Forderungen des modernen Städtebaues gehabt.

Aber auch die Bewegung im Wohnungsbau ist aufs stärkste beeinflußt durch das Drängen der städtischen Bevölkerung nach einer engeren Verbindung mit der Natur. Nur durch diese Verbundenheit mit elementaren Volksbedürfnissen ist es zu erklären, daß heute jeder Architekt, der etwas auf sich hält, bestrebt ist, möglichst viel Licht in die Wohnungen zu lassen und für eine möglichst einwandfreie Lüftung zu sorgen.

Alle diese Ansätze sollen gewiß nicht verachtet werden, zumal sie in der Richtung der zukünftigen Entwicklung liegen. Aber eben so falsch wäre es, die Gegenkräfte zu unterschätzen und den Weg bis zum Ziel sich zu kurz und zu bequem vorzustellen. Auf der Seite der Gegenkräfte steht alles, was am privaten Besitz von Grund und Boden in der Stadt oder auf dem Lande interessiert ist, stehen die großen Geldmächte, die dem Grundbesitz auf Hypotheken Kapital geliehen haben, steht der gesamte Handel, der den Austausch von Industrie- und Agrarprodukten zwischen Stadt und Land vermittelt, stehen alle politischen und geistigen Gewalten, die von der Zurückgebliebenheit der Landbevölkerung profitieren und die ein Interesse daran haben, die bäuerlichen Eigentumsinstinkte gegen den Hunger der städtischen Bevölkerung mobil zu machen. Wie die Großbanken verdienen an den kleinen Kursunterschieden, die sich im Laufe eines Tages zwischen den Börsen von New York, London und Berlin herausbilden, so stützt das Kapital seine Macht nicht zuletzt auf die Unterschiede zwischen städtischer und bäuerlicher Lebens- und Denkweise. Die Ausnutzung der Differenzen ist von je ein Grundpfeiler der wirtschaftlichen, gesellschaftlichen und geistigen Mächte des Kapitals.

Die baulichen und siedlungspolitischen Probleme, die mit der Wiedervereinigung von Stadt und Land zusammenhängen, können heute allerdings kaum angedeutet werden. Man wird vielleicht davon ausgehen müssen, daß zwei grundverschiedene Arten landwirtschaftlicher Produktion zu unterscheiden sind: die Gartenwirtschaft einerseits, Körner- und Hackfruchtbau andererseits; von der spezialisierten Viehproduktion, die besondere Bedingungen hat, sei hier einmal abgesehen. Die gärtnerische Produktion, die viel menschliche Arbeit und große persönliche Sorgfalt im Kleinen verlangt, dafür aber auch hochwertige Erzeugnisse ermöglicht, wird ihren Sitz überwiegend im näheren Umkreis städtischer Siedlungen haben. Hier sind Schrebergarten und Gartenstadt vorläufige Versuchsformen, noch allzusehr gebunden an das Privateigentum, das auf dem Wege der genossenschaftlichen Zusammenfassung nur langsam einer zukünftigen gesellschaftlichen Form entgegenwächst. Die bauliche Auflösung der Großstädte mit Hilfe der modernen schnellen Verkehrsmittel ist ein Schritt auf diesem Wege.

Anders die Großlandwirtschaft in der Form der Getreide-, Kartoffel- und Rübenfarm. Auf den weiten Flächen, die sie benötigt, brauchen nicht die Menschenmassen ständig zu wohnen, die in den Zeiten der stärksten Arbeitsanspannung, zur Feldbestellung und zur Ernte, nötig sind. Andererseits ist diese Wirtschaftsform noch stärker als die Gartenwirtschaft von Jahreszeit und Witterung abhängig. Hier entsteht also das Problem, für einen gewissen Teil der Gesamtbevölkerung doppelte Wohnungsmöglichkeiten bereitzustellen, nämlich jeweils für einige Monate des Jahres in der Nähe der industriellen Produktion, für eine Reihe anderer Monate draußen auf dem Lande. Die Kehrseite dazu ist die Notwendigkeit, in einer Reihe von Industriezweigen die stärkste Arbeitsanspannung in die Wintermonate zu verlegen. Heute ist eine planmäßige Regelung dieser Art nicht möglich; abgesehen von wenigen Industrien wie etwa der Zuckerindustrie, die ihre natürliche Saison im Winter hat, und vom Baugewerbe, das umgekehrt bei Winterkälte gar nicht oder nur mit höheren Kosten arbeiten kann, hängt heute die Entwicklung des Beschäftigungsgrades in den einzelnen Jahreszeiten durchaus von der Konjunktur ab. Nur eine sozialistische Wirtschaftsordnung wird es sich leisten können, auch in dieser Beziehung einen vernünftigen Ausgleich zwischen industrieller und landwirtschaftlicher Produktion während der verschiedenen Jahreszeiten durchzuführen.

Der revolutionäre Charakter des Städtebaus

Die Einreihung des Städtebaues in die Kunst, die Ansicht, als ob Städtebau ein Stück Baukunst sei, haben wir abgelehnt. In einem ganz anderen Sinne kann man wohl allerdings den Städtebau als eine Kunst bezeichnen, nämlich so, wie man auch von Staatskunst spricht. Das will heißen, daß vielerlei Können und Wissen verschiedenster Art zusammengefaßt werden muß, um das gewünschte Ergebnis zu erzielen. Ein Staat kann nicht regiert werden — weder von einem Diktator, noch von einer Minderheit, noch von der Mehrheit der arbeitenden Klasse — allein mit dem Rüstzeug der Wissenschaft; er kann auch nicht regiert werden allein mit dem bloßen Gefühl. Ein Staat kann nur regiert werden mit einer Zusammenfassung von Kenntnissen, wissenschaftlichen Methoden, Erfahrungen und Gefühl für die werdenden Kräfte der Zukunft, und dabei ist die Art dieser Zusammenfassung selbst noch ein Problem für sich. Sie entsteht beim politischen Führer und ebenso auch bei einer politisch handelnden Klasse nur aus und mit dem praktischen Handeln. Insofern ist in der Tat wenigstens ein Vergleich mit der Kunst sehr wohl möglich, und in diesem Sinne, in dem man von Staatskunst spricht, kann und muß man auch vom Städtebau als von einer Kunst sprechen.

Umgekehrt ist dann aber ebenso richtig der Satz, daß der moderne, in diesem Sinne aufgefaßte Städtebau eine durchaus politische Aufgabe ist. Er begnügt sich nicht damit, Prachtstraßen zu schaffen oder für die Erhaltung historischer Bauwerke zu sorgen. Er verlangt vielmehr Entschlüsse darüber, ob in Zukunft Hunderttausende von Menschen da oder dort wohnen und arbeiten sollen. Er setzt daher voraus eine klare Vorstellung von der wirtschaftlichen Entwicklungsfähigkeit bestimmter Gebiete und ihrer Industrien. Dies wiederum erfordert eindringende Erkenntnis finanzieller, technischer und industrieller Faktoren. Übersicht über gegenwärtige Absatzverhältnisse und ihre voraussichtliche Entwicklung, eine Vorstellung von den Möglichkeiten und Notwendigkeiten einer rationellen Verwaltung, besonders nach der Seite hin, wie weit sie zentralisiert, wie weit dezentralisiert sein soll. Jede Stadt — je größer sie ist, desto mehr -- hat weit über ihre Grenzen und ihre nächste Nachbarschaft hinaus Wirkungen auf die Landwirtschaft, die zu ihrer Lebensmittelversorgung beiträgt. Wirkungen, die heute bekanntlich rund um den Erdenball, zu den kanadischen, indischen, australischen, argentinischen Weizenmärkten, zur chinesischen Eierproduktion, zu den südamerikanischen Fleischfabriken usw. reichen. Jede Stadt ist ein Kreuzungspunkt zahlreicher Verkehrswege, deren Leistungsfähigkeit mit der technischen Entwicklung der Transportmittel sich ändert und außerdem durch neue Bauten, Tarifmaßnahmen usw. verstärkt oder eingeschränkt werden kann. Ähnliches gilt von der Energiezuleitung: Kohle, Überlandkraftwerk, Ferngasversorgung. Kurz, die Probleme, die zur Kennzeichnung des Begriffs Landesplanung angedeutet wurden, beginnen im Grunde schon bei jeder einzelnen größeren Stadt.

Vor einer solchen Übersicht der Aufgabe des modernen Städtebaues — und diese Übersicht kann hier notwendig nur einige der wichtigsten Teilfragen andeuten — schrumpft auch die Bedeutung vieler Einzelfragen ein, mit denen manche moderneren Fachleute sich gern beschäftigen. Nachdem der Architekt, der Baukünstler im engeren Sinne des Wortes, gegenüber den wirtschaftlichen und sozialen Aufgaben des Städtebaues versagt hatte, versuchten in neuerer Zeit vielfach Spezialisten anderer Gebiete sich der Sache zu bemächtigen. Besonders gilt dies von den Verkehrstechnikern. Sicherlich ist die Aufgabe der durchgreifenden und auf eine Entwicklung der nächsten Jahrzehnte berechneten Modernisierung des Verkehrs eine wichtige Aufgabe fast aller Großstadtverwaltungen. Aber wenn man diese Aufgabe nur als Spezialist betrachtet, wird man in 98 von 100 Fällen eher zu falschen als zu richtigen Lösungen kommen. Ein konkretes B e i s p i e l (aus Martin M ä c h l e r s Arbeiten über das Berliner Problem) mag dies deutlich machen. In B e r l i n ist die Eisen verarbeitende Großindustrie im Laufe der letzten 80 bis 100 Jahre aus dem Zentrum der Stadt ständig mehr in die Außenbezirke gerückt. Man denke an die Werke von Borsig, Siemens, Schwartzkopff und an die früheren staatlichen Artilleriewerkstätten. Sie waren früher gewiß auch am Rande der Stadt, aber eben nach dem damaligen Stadtumfang berechnet. Heute sind sie in Tegel, Borsigwalde, Hennigsdorf, Siemensstadt und (wenn man die Spandauer Werkstätten als Nachfolger der staatlichen Artilleriewerkstätten betrachten will) in Spandau. Es mußten rechtzeitig ausreichende Beförderungsmöglichkeiten für die Arbeiter dieser Werke geschaffen werden, was übrigens bis jetzt, verglichen etwa mit den „Bankierzügen" nach Wannsee, noch nicht einmal in zureichendem Umfange geschehen ist. Darüber hinaus müßte jeder Berliner Verkehrspolitiker sich schon jetzt klar darüber werden, ob und in welchem Maße diese Wanderung der Industrie nach dem äußeren Rande des Stadtgebietes sich fortsetzen wird, und ob sie nicht etwa mit Rücksicht auf den Wassertransportweg für die Rohstoffe und Erzeugnisse in ganz bestimmte Richtungen (Nordwesten, Südosten) zusammengefaßt und weit ins Land hinaus vorwärts getragen werden müßte. Je nach Beantwortung dieser Frage müßte sich die Entscheidung über Umfang und Art des Ausbaues der Wasserstraßen, sowie über Linienführung und Leistungsfähigkeit des künftigen Schnell- und Vorortbahnnetzes verschieden gestalten. Sogleich aber zeigt sich sofort, daß eine Entscheidung nicht möglich ist, solange man nicht ein klares Bild über die künftigen Wohnverhältnisse der Arbeiterschaft dieser Werke besitzt. Denn die Personentransportmittel sollen ja in der Hauptsache dem Berufsverkehr dieser Arbeitermassen dienen. Von dieser Frage aus ergeben sich dann wieder weitere Probleme, wie z. B. die Wahl des richtigen Platzes für Großmarkthallen, für Schulen, für Erholungsparks und Grünflächen usw. — alles Fragen, über die der Verkehrstechniker allein nicht entscheiden kann, an die er kaum denkt.

Dieses Beispiel betrifft nur einen Ausschnitt des komplizierten und immer wachsenden Wirtschaftslebens der Stadt Berlin. Daneben gibt es in Berlin, um nur einiges zu nennen, chemische Industrie, Konfektion, Bankwesen, Bauindustrie und viele andere wichtige Wirtschaftszweige. Wo immer man an städtebauliche Aufgaben herangeht mit dem ernsten Willen, alle Verflechtungen zu beobachten, an alle Rückwirkungen neuer Projekte zu denken, da wird sofort eine Gesamtheit von Aufgaben und Problemen aufgerollt, die, von den Stadtgrenzen zu schweigen, weit sogar über die Landesgrenze hinausgreift in die weltwirtschaftlichen und handelspolitischen Zusammenhänge, von denen jede der genannten Industrien im Absatz ihrer Produkte abhängig ist. Der Spezialist, beispielsweise der reine Verkehrstechniker, wird im allgemeinen wenig Neigung und für sich allein auch nicht die Fähigkeit haben, alle diese Zusammenhänge zu übersehen. Er wird vielmehr nur sehen, daß im Laufe eines Zeitraumes von einigen Jahren der Verkehr auf einer bestimmten Strecke sich rasch gesteigert hat, daß hier im Augenblick ein Bedürfnis nach neuen Straßen, neuen Bahnlinien oder dgl. vorliegt, und daß man zur Erfüllung dieses Bedürfnisses bestimmte Dinge durchführen muß. Diese Arbeit ist nicht überflüssig, aber sie sollte im Grunde, d. h., wenn der Städtebau heute schon als gesellschaftliche Gesamtaufgabe anerkannt wäre, nur als Teilarbeit in einem umfassenden Gesamtplan durchgeführt werden.

An diesem Beispiel und seinen Konsequenzen sieht man nun allerdings noch einmal deutlicher das, was wir früher schon behauptet haben: daß nämlich **Städtebau** und **Landesplanung** in ihrer heutigen Form in Wahrheit eine **revolutionäre** Angelegenheit sind. Eine Andeutung liegt bereits in dem Worte **Landesplanung**. Dieses Wort, und erst recht die Sache, die es bezeichnen will, setzt im Grunde eine **Planmäßigkeit der Wirtschaft** voraus, die es im **Kapitalismus nicht gibt**. Gewiß sind gerade seit dem Kriege die Versuche der kapitalistischen Wirtschaft, durch Kartelle und Trusts, durch kapitalmäßige Zusammenfassungen, durch weitgehende Verwendung statistischer und betriebswissenschaftlicher Methoden, durch Schaffung des sog. industriellen Budgets und genauer Analysen der Absatzmärkte so etwas wie eine Planmäßigkeit zu erzielen, sehr stark geworden; bürgerliche Nationalökonomen, wie Sombart, haben deshalb von einer Epoche des Spätkapitalismus gesprochen, andere behaupten so etwas wie einen Übergang vom individualistischen Konkurrenzkapitalismus zu einem märchenhaften Gebilde wie Sozialkapitalismus oder dgl. Es kann hier von diesen Dingen nicht im einzelnen ausführlich gesprochen werden. Wir glauben jedoch, daß trotz aller Wandlungen im Kapitalismus selbst die Grundtatsache, daß wir in einer kapitalistischen Wirtschaft leben, nicht verschwunden ist, und daß man auch die entscheidenden Gegensätze zwischen kapitalistischer Warenwirtschaft und sozialistischer Bedarfswirtschaft niemals verwischen sollte. Jede kapitalistische Planmäßigkeit — und so auch eine kapitalistische Landes- oder Stadtplanung — kann immer nur unter den entscheidenden Gesichtspunkten kapitalistischen Wirtschaftens stehen: Warenproduktion, Profit, Kapitalisierung von Mehrwert, Privateigentum an Produktionsmitteln. Und jede solche Planmäßigkeit ist nach wie vor allen Krisen und Erschütterungen ausgesetzt, die die kapitalistische Produktionsweise von jeher gekennzeichnet haben; ob solche Krisen zeitweise viel weniger scharf als gerade heute, dafür aber von längerer Dauer sind, ob sie international vorläufig nicht in Form äußerer Kriege, sondern in versteckteren Formen der Verträge, Anleihen, Zollkämpfe usw. ausgetragen werden, das alles hat keine grundsätzliche Bedeutung.

Noch klarer wird der revolutionäre — und zwar nach Lage der geschichtlichen Situation nicht mehr der bürgerlich-, sondern der sozialrevolutionäre — Charakter der Stadt- und Landesplanung, wenn man sich ihre inhaltlichen Ziele überlegt. Denn es kommt ja nicht auf die Planmäßigkeit an sich an, sondern auf die Frage: Planmäßigkeit — wozu? Die Gedanken des modernen Städtebaues sind historisch aus sozialen Bewegungen hervorgegangen: Aus der Wohnungsreform, aus der Gartenstadtbewegung, aus der Bodenreformbewegung, kurz aus Bestrebungen, die alle ein bestimmtes konkretes Ziel hatten, nicht nur eine Planmäßigkeit überhaupt, sondern die Ermöglichung eines gesunden, menschenwürdigen Wohnens und Lebens für die breiten Volksmassen. Ohne solche Triebkräfte sind praktische Leistungen des Städtebaues und der Landesplanung überhaupt nicht denkbar. Ja es besteht ohne solche Triebkräfte überhaupt kein Bedürfnis nach Städtebau und Landesplanung. Denn eine Stadt ist zwar nach vielen Richtungen hin Gegenstand kapitalistischer Ausbeutung, aber sie ist an sich kein kapitalistischer Betrieb. Die Triebkräfte, die im Kapitalismus selbst, in seinen einzelnen Betrieben und in den Industrieverbänden, auf Planmäßigkeit drängen, sind durchaus kapitalistische Triebkräfte, sie sind gerichtet auf Verbilligung der Kosten und Erhöhung des Profits, oder auf Sicherung von Rohstoffen und Absatzmärkten mit dem Ziel einer Sicherung des Profits. Eine Stadt ist kein kapitalistischer Betrieb in diesem Sinne, und Stadtverwaltungen, die sich besondere Ämter für Städtebau mit fachkundigen Bearbeitern einrichten, folgen damit nicht kapitalistischen Erwägungen, sondern dem Drängen sozialer Kräfte.

Allerdings kann, wie es mit vielen anderen Dingen geschehen ist, auch der Städtebau als eine Angelegenheit der Sozialpolitik aufgefaßt werden. Aber dann steht es mit ihm eben genau so wie mit jeder Sozialpolitik: er ist ein Stück des Widerstreits zwischen der alten kapitalistischen Gesellschaft und der kommenden sozialistischen Gesellschaft, geboren aus den Kräften der Zukunft, in der Praxis des Tages ständig umgefälscht zu einem Schutzwall der alten Mächte, ständig umkämpft von den politischen Kräften, eine Etappe zur Zukunft, die aber für den Sozialisten ihren Sinn nur dadurch behaupten kann, daß sie immer von neuem in ihrer Unvollkommenheit erkannt und niedergerissen wird, um dem besseren Neuen Platz zu machen.

Städtebau als politische Aufgabe

Bisher haben wir den politischen Charakter des Städtebaues im wesentlichen dargestellt, indem seine wirtschaftlichen und sozialen Zusammenhänge aufgezeigt wurden. Mit vollem Recht, denn Politik ist ja nichts Losgelöstes, das ohne Verbindung neben den wirtschaftlichen und sozialen Entwicklungen steht, sondern ist doch im Grunde nichts als die Auswirkung wirtschaftlicher und sozialer Verhältnisse mit den Mitteln der geistigen und physischen Macht und mit dem Ziel der Rückwirkung auf Wirtschaft und Gesellschaft.

Wie aber auch auf dem Gebiete der Politik im engsten Sinne der Städtebau seine Rolle spielt und wie man demgemäß von eigentlich politischen Aufgaben des Städtebaues sprechen kann, zeigen an einem konkreten Beispiel die Sätze, die Hugo Häring in den Sozialistischen Monatsheften vom Februar 1926 über städtebauliche Fragen der Reichshauptstadt schrieb:

„Bei einem Wettbewerb, der vor einiger Zeit ausgeschrieben war, wurde der Ausbau der Lindenachse (Unter den Linden) als das baukünstlerisch wichtigste Objekt Berlins von vielen Architekten bezeichnet. Dieses Bekenntnis ist wahrhaft niederschmetternd. Gibt es in der Hauptstadt einer Republik keine andere wichtige Bauaufgabe als diese: die große Sieges- und Paradestraße, die der soeben entthronte Absolutismus einstens von Schloß zu Schloß gezogen hatte, auszubauen? Das ist ein beschämendes Dokument dieser Zeit und ihrer Baumeister. Wie gut wußten ihrer Zeit diese Herrscher das ihnen unbequeme Haus des Volkes von ihrer Siegesstraße fernzuhalten, es wie eine Belanglosigkeit außerhalb ihres Vorhofs auf die Seite zu schieben, genau dahin, wo es in ihrem Kopf stand. Ein Baumeister, für den die Ordnung der Dinge im Raum noch einen tieferen Sinn hat als den einer einfachen Platzhaltung, hätte wenigstens diese Tat revidiert und von der Alsenbrücke bis zum Kemperplatz die große Straße der Republik gezogen, um zunächst einen deutlichen und klaren Strich durch diese Achse der Herrscher zu machen. Bei dieser Gelegenheit wäre er auch der Siegesallee beigekommen, und der bisherige Königsplatz spielte als Platz des Staates oder des Volkes in einer Republik eine bessere Rolle als jetzt. Es wäre dann wohl nicht bei dem Strich allein geblieben, sondern er hätte gewiß den Platz der Republik zu einer großen Manifestation des neuen politischen Willens aufgebaut: Hie Volk, dort Schloß. Der ganze Kanalbogen schlägt ja einen prächtigen Halbkreis um diesen Raum, der geradezu berufen ist eine ganze Stadt der politischen Arbeit in sich aufzunehmen. B a u e n als eine Tat politischer Willenssetzung kannten wohl die Herrscher der Vergangenheit, kennen nicht mehr, kennen noch nicht die Staatsmänner der Gegenwart."

Mit diesem Zitat ist zugleich ein Beispiel für das gegeben, was man politische Symbolik des Städtebaues nennen könnte: der Ausdruck der bestehenden politischen Herrschaftsverhältnisse in der baulichen Gestaltung der Hauptstadt, in der sich die politische Willensbildung eines Landes konzentriert und in der die Einrichtungen der politischen Zentralgewalt zusammengefaßt sind. Solche symbolischen Darstellungen wirken natürlich, ebenso wie Kirchturm, Parademarsch, Demonstrationszug und Fahne, auch wieder auf die Gestaltung der psychologischen Kräfte zurück und sind ein Bestandteil des geistigen Machtapparates der herrschenden Klasse, ebenso gut wie sie ein Bestandteil der geistigen Kampfkräfte emporstrebender Klassen werden können. Wenn man von künstlerischen Aufgaben im Städtebau gegenwärtig überhaupt sprechen will, so sind sie auf diesem Gebiet zu finden, nicht auf dem einer Ansichtspostkartenschönheit.

Natürlich sind solche Symbole, wie die Prachtstraße oder, in der mittelalterlichen Stadt, der zentral gelegene Marktplatz nicht die einzige Form, in der sich im engeren Sinne das politische Element des Städtebaues kundgibt. Älter, und in früheren Zeiten auch deutlicher, sind diejenigen Anlagen, die als physisches Werkzeug der Herrschaft dienen, die militärischen Bauwerke innerhalb der Stadt. In der mittelalterlichen Stadt zeigen sich militärische Bestandteile — abgesehen von der Anlage des Ganzen, über die wir schon sprachen — besonders an zwei Stellen, in der Außenbefestigung und — nicht immer, aber oft — in einer besonderen Burg. Die Außenbefestigung diente der Verteidigung der Bürgerschaft gegen feindliche äußere Mächte, die Burg aber ist ein Ausdruck eines innerpolitischen Machtverhältnisses; am deutlichsten wird dies dort, wo, wie z. B. in Nürnberg, die Burg auf einer Höhe innerhalb des Stadtgebietes liegt, meist allerdings nicht im Zentrum, sondern an den Rand des städtischen Befestigungskreises gerückt. Diese Burg ist, entsprechend den mittelalterlichen Feudalverhältnissen, der Sitz eines Feudalherren, eines Grafen und kaiserlichen Statthalters oder eines Bischofs, der zwar zunächst die Aufgabe hat, der Führer beim militärischen Schutz der Stadt gegen alle äußeren Feinde zu sein; ebenso aber hat er auch darüber zu wachen, daß die Bürger der Stadt ihren materiellen und politischen Pflichten gegen ihn selbst und gegen seinen Oberherrn, den Kaiser oder die Kirche, nachkommen, und deshalb ist die Burg stets so gebaut, daß sie auch als Bollwerk, als militärische Machtzentrale gegen die Bürgerschaft dienen kann.

In der modernen Stadt, sofern sie nicht Festung ist, fehlt dieser sinnfällige Ausdruck eines innerpolitischen Herrschaftsverhältnisses. Dafür aber braucht man sich nur in den Großstädten die Lage der Kasernen im Verhältnis zu den übrigen Stadtteilen anzusehen, um zu wissen, daß auch hier militärische Überlegungen bei der städtebaulichen Planung wesentlich mitgesprochen haben. Typisch dafür ist wiederum Berlin, dessen Kasernen durchweg und mit vollem Bewußtsein so gelegt sind, daß sie die natürlichen Mittelpunkte eines militärischen Schutzes der Innenstadt mit ihren politischen und geschäftlichen Verwaltungsgebäuden, mit Regierungs-, Banken-, Geschäftshaus- und Zeitungsvierteln, gegen Aktionen der in den Außenbezirken wohnenden Arbeitermassen darstellen. Während die Innenstadt durch eine Verbindung zwischen den Kasernen verhältnismäßig leicht und rasch nach außen hin abgeriegelt werden kann, besteht auf der anderen Seite die Möglichkeit, nach außen zu strahlenförmig die einzelnen Arbeiterviertel von einander zu trennen und so einen Übergriff von Unruhen von einem Kreisausschnitt auf den anderen zu verhindern. Weitere militärische Momente speziell der Berliner Stadtanlage sind dann noch die Existenz eines Kasernenkomplexes im Zentrum der Stadt, sowie die Anlage von Schieß- und Truppenübungsplätzen im Westen der Stadt.

Ein deutliches Bekenntnis zu einer derartigen militärpolitischen Auffassung einer städtebaulichen Frage hat der Staatssekretär P ü n d e r in der Reichskanzlei in einem an den Berliner Stadtbaurat Dr. Martin W a g n e r gerichteten Brief vom 8. April 1929 niedergelegt (abgedruckt in Heft 7 der Zeitschrift „Das neue Berlin"). Er wendet sich gegen den Vorschlag, zur Entlastung der Leipziger Straße und der Linden einen Durchbruch der Französischen Straße nach dem Tiergarten durchzuführen, der über die Wilhelmstraße und die Ministergärten hinwegführen müßte, und sagt: „Bei diesen Dingen spielt natürlich auch eine große Rolle, daß sich hinter den so harmlosen „Ministergärten", ich will bescheiden sein und nicht sagen das Gehirn, so aber doch das Herz oder die Schlagader des Deutschen Reichs versteckt; denn der Häuserkomplex, das Palais des Reichspräsidenten, das Auswärtige Amt, das Reichsernährungsministerium, die Reichskanzlei in der Wilhelmstraße und das Reichsjustizministerium in der Voßstraße bilden wohl den wichtigsten Regierungsblock, den man sich in Deutschland denken kann. Ich brauche Ihnen gegenüber nicht zu betonen, daß in diesem Block nicht nur ein eigenes Elektrizitätswerk besteht, sondern auch sonst hinsichtlich Bewachung, besonderer Telephonleitungen und noch vieler anderer Dinge alles vorgesehen ist, um ein reibungsloses Arbeiten dieses Regierungsblocks auch in weniger ruhigen Zeiten als im Augenblick sicherzustellen."

Nebenbei sei übrigens bemerkt, daß diese Begründung durchaus nicht stichhaltig ist, denn mit entsprechenden und sogar besseren Sicherungen kann natürlich auch jedes neue Regierungsviertel, wie es etwa von Häring am Platz der Republik vorgeschlagen war, versehen werden.

Für eine Anzahl osteuropäischer Städte (Moskau, Warschau) ist unter den gleichen Gesichtspunkten typisch die Anlage eines festungsartigen Schloßkomplexes am Ufer des Flusses, durch den die Geschäftsviertel und die wohlhabenden Wohnviertel von den eigentlichen Arbeitervierteln getrennt werden; hier ist die Beherrschung der Flußübergänge von besonderer Wichtigkeit.

Die neueste Verbindung zwischen der militärischen Technik und dem Städtebau ist entstanden durch die Entwicklung der modernen Luftwaffe und des Gaskrieges. Es ist vielfach mit Rücksicht auf diese neuen Methoden der Kriegführung der Gedanke propagiert worden, durch bauliche Maßnahmen die Grundlagen eines Luftschutzes der Städte zu schaffen. Dabei hat man einerseits an den Schutz der zentralen Verwaltungsorgane gedacht, für die bomben- und gassichere Betonkeller geschaffen werden sollen; andererseits hat man für den Schutz der Zivilbevölkerung weitgehende städtebauliche Maßnahmen gefordert, vor allem also eine starke Dezentralisierung der Städte, eine Auseinanderziehung der Wohnviertel in breite, dünn besiedelte Gartenstädte mit entsprechend guten Verkehrsmitteln. Wahrscheinlich aber dürften diejenigen Recht behalten, die der Ansicht sind, daß es einen wirksamen Schutz gegen die Gefahren des Gaskrieges in Wirklichkeit nicht gibt, und daß eine Propaganda für derartigen Luftschutz im Grunde nichts anderes bedeutet, als in der Bevölkerung Illusionen über die Schrecknisse eines modernen Krieges zu erwecken.

Die weitgehende Dezentralisation der Städte, insbesondere die Auseinanderziehung ihrer Wohnviertel, ist freilich schon aus positiven Gründen der Erhaltung der Volksgesundheit notwendig genug. Um das einzusehen, sollte keine Propagandaaktion für Luftschutz notwendig sein. Andererseits werden sich die Kräfte, die einer solchen Auflösung der Großstädte entgegenstehen, auch durch die patriotischste Luftschutzpropaganda nicht erschüttern lassen, da nämlich sehr handgreifliche materielle Interessen für sie maßgebend sind: vor allem das Interesse des städtischen Haus- und Grundbesitzes, der von der Dezentralisierung eine Entwertung seines Eigentums zu befürchten hat, sodann die mit ihm eng verbundenen Hypothekenbanken und die gesamte Bodenspekulation, die durchaus ein Interesse daran haben, daß ihnen das Geschäft der Aufschließung neuer Siedlungsgebiete am Rande der Städte vorbehalten bleibt.

Nicht sehr viel anders steht es mit dem Gedanken eines Luftschutzes zentraler Verwaltungsgebäude und dgl. Ob eine Regierung in gas- und bombensicheren Betonkellern sehr viel zu regieren haben würde, wenn draußen die Bevölkerung, die Fabriken, die Lebensmittelmagazine, die Hafenanlagen, die Eisenbahnen unter der Einwirkung feindlicher Flugzeuge stehen, ist doch immerhin fragwürdig. Und etwa alle lebenswichtigen Betriebe ebenfalls in ähnlicher Weise unter Gasschutz stellen zu wollen, ist bei den modernen, ganz auf wirtschaftliche Hilfsmittel angewiesenen Methoden der Kriegführung einfach eine Utopie. Ganz zu schweigen schließlich von den enormen Kosten derartiger Vorbereitungen. An solchen „Belastungen der Wirtschaft" hat sich bekanntlich die Bourgeoisie noch nie gestoßen, und so ist es auch begreiflich, daß die „Opferwilligkeit" des neudeutschen Kapitalismus für die „Vaterlandsverteidigung" vor den Erfordernissen eines modernen Luftschutzes nicht zurückschreckt. Betonunterstände brauchen kein schlechteres Geschäft zu sein als Panzerkreuzer, und schon allein die Durchführung der Parole „Obligatorische Gasmaske für Jedermann!", die bei dieser Gelegenheit nebenbei propagiert worden ist, würde den Großkonfektionären dieses unentbehrlichen Bedarfsgegenstandes stattliche Millionenbeträge abwerfen, mit denen die Propagandakosten reichlich aufgewogen wären.

In den Städten wächst die Zukunft

Nicht nur die moderne Architektur trägt ein Doppelantlitz: das gleiche gilt von der modernen Stadt. Auch sie ist gesteigerter Ausdruck des Hochkapitalismus und zugleich Mutterboden und Vorausdeutung des kommenden Sozialismus.

In den Städten konzentriert sich die Macht des Finanzkapitals in den Großbanken und Börsen, in den Bürohäusern der großen Industriekonzerne und der Wirtschaftsverbände.

In den Städten ist der Sitz der Regierungsgewalt, die heute in allen industriellen Ländern, mit Ausnahme der Vereinigten Staaten, versuchen muß, irgendwie zwischen Bourgeoisie und Arbeiterklasse zu balancieren.

In den Städten wächst die Kerntruppe des Proletariats, hier sammeln und organisieren sich die vom Kapital geschaffenen Arbeitermassen, von hier aus spannen sie die Fäden zu den Klassengenossen in den Kleinstädten und auf dem flachen Lande. Und je mehr die Landwirtschaft industrialisiert wird, desto mehr wird das Bewußtsein der in ihr Arbeitenden ein industrielles Bewußtsein und damit dem Bewußtsein des Städters verwandt.

Auf den Straßen der großen Städte wurden ausgefochten und werden auch künftig ausgefochten werden die entscheidenden Schlachten im Kampf der Klassen, und von den Städten aus wird einst die sozialistische Neuordnung des nächsten weltgeschichtlichen Zeitabschnittes organisiert werden, die nur eine Weltordnung sein kann.

Die Originalausgabe des „Buches vom Bauen" 1930 enthält 54 Abbildungen, die in der Regel eine Seite beanspruchen. Es ist anzunehmen, daß Alexander Schwab die Auswahl dieser Abbildungen in aller Eile hat treffen müssen; er nahm offensichtlich Fotos, die ihm gerade zur Hand waren oder die er sich schnell – etwa in der Redaktion der Werkbundzeitschrift „Die Form" – beschaffen konnte. Für diese Annahme spricht, daß einige der Bauten mehrfach, außen und innen, gezeigt werden, mithin eine Hervorhebung erfahren, die man ihnen auch damals, kurz nach ihrer Fertigstellung, kaum zugestanden haben würde. Ebenso gibt es nichtssagende Wiederholungen, etwa zwei fast gleiche Ansichten ein und desselben Gebäudes. Daß Eile die Auswahl bestimmt haben muß, verraten nicht zuletzt die Bildunterschriften. Die sachlichen Angaben zu den Bauten sind stellenweise unvollständig; manche Abbildungen sind ausführlicher kommentiert, andere hingegen gar nicht. Daß die Bilder des Buches indes für Schwab nicht bloß ein Beiwerk darstellten, geht aus der Anmerkung über die Rolle der Abbildungen hervor, die sich unter der Zwischenüberschrift „Text und Bild" auf Seite 14 findet.

Bei der Bebilderung des vorliegenden Neudrucks konnten dennoch einige Abbildungen fortfallen. Andere sind durch ähnliche Beispiele aus der Zeit um 1930 ersetzt worden. Bei den für das Buch substantiellen Bildern konnte teilweise auf die Originalvorlagen zurückgegriffen werden. Wo diese nicht zu beschaffen waren, liegen den Abbildungen andere, doch gleichwertige und in jedem Fall zeitgenössische Aufnahmen von denselben Bauten zugrunde. Einige Abbildungen mußten nach den Drucken des Buches selbst reproduziert werden.

Die Bildunterschriften sind vereinheitlicht worden. Dabei wurden die Kommentare Schwabs sämtlich übernommen und als solche kenntlich gemacht. UC.

Bei Fragen zur Produktsicherheit wenden Sie sich bitte an:
If you have any questions regarding product safety,
please contact:

Birkhäuser Verlag GmbH
Im Westfeld 8
4055 Basel, Schweiz
productsafety@degruyterbrill.com